副業、
転職、
財テク、
おねだり

偉人の生き延び方

栗下直也

左右社

はじめに

「人生一〇〇年時代」と聞いて、ぼんやりとした不安を感じてしまう人も多いのではないだろうか。

本来ならば長寿は喜ばしいことだ。生きたくても生きられない人が昔はたくさんいたことを考えれば素晴らしいことである。だが、「早死にはしたくないが、一〇〇歳まで生きるのは少し長すぎるのではないか」、「ピンピンコロリでこの世に別れを告げられればいいが、先人たちを見る限り難しそうだ」。そんな思いが頭をよぎる。生きているのか死んでいるのかよくわからない状態で歳を重ねるのは見るからにつらそうだ。

もしかすると、今の医学の進歩を考えると、苦しまずに死ねる時がくるかもしれないが、私たちが不安になるのは問題が健康だけではないだからだ。

長生きするにはカネが必要だ。

少なくともカネが必要だとみんなが思っている社会に私たちは生きている。「老後には二〇〇〇万円どころか四〇〇〇万円必要」、「子どもをひとり、育てて大学に行かすには三〇〇〇万円」。耳にするのはそんな話ばかりではないか。カネ、カネ、カネ。そこから逃れようと、宗教に走る人もいるが、お布施をするにも、よくわからない壺を買うにも皮肉にもカネがいる。

一昔前ならば、国や勤めていた会社が老後の生活をどうにかしてくれた。それは国の経済力が上向いていて、寿命もそこまで長くなかったからだ。

一方、今の日本は経済力が大きく上向くことは期待できそうもないにもかかわらず、寿命は延びている。将来を担う、子どもも減っている。当然、うまくいくわけがない。年金制度は崩壊しているし、会社も社員の老後の保障どころか、今現在の給料の引き上げにも慎重だ。

実際、国や企業は「もう、これまでの仕組みでは無理です」と言い出している。

わかりやすいのが副業の推奨だ。

お堅い企業の代名詞であったメガバンク（大手都市銀行）ですら副業を容認している。これは裏返せば、「会社は面倒をみられないから、足りない分は自分で稼いでね」ということだ。

「真面目に会社勤めしても報われない。何と世知辛い世の中になってしまったのだろうか」と嘆きたくなるが、実は多くの人が会社に雇われてサラリーマンとして働き始めたのは長い歴史でみれば、ここ最近の話だ。総務省統計局の労働力調査では二〇二三年は就業者に占めるサラリーマンの割合が九割を占めるが、一九五三年には四割強にすぎなかった。高校や大学を出て、会社に入って、そこで出世のために必死に頑張る…というモデルが二〇二〇年代に役目を終えても全くおかしくない。悲しいかな、「誰か助けてくれよ」と言ったところで誰も助けてくれない時代になりつつあるのだ。

みなさんの中には「国が悪いから、この国を変えてやる」と鼻息が荒い人もいるかもしれない。それは大切な考えだが、理想を追い求めるだけでは国が変わる前に野垂れ死にしかねない。多くの人にとって考えなければいけないのは、自分や身の回りの仲間が今をどう生き延びるかだ。

国や会社を頼れなかったら、どのような心持ちでいればいいのか。会社に滅私奉公し、国を信じても路頭に迷いかねない未来を見据えた場合、果たしてどう働くべきなのか。

偉人に学ぶしかない。

自身や周囲の人のちっぽけな経験で判断しては時代の荒波にのみこまれてしまう。「愚者は経験に学び、賢者は歴史に学ぶ」とドイツの宰相ビスマルクが言ったように、困ったときは歴史に学ぶしかない。

本書では作家や学者、スポーツ選手、画家、実業家など古今東西の偉人の職業に焦点を当て、その経歴を辿る。偉大な功績を残した人たちも、ひとつの職業で人生を終えた人はほとんどいない。広く知れ渡っている偉業からは想像もつかない仕事で生計を立てていた時期があったり、栄光の頂点にある時期に後半生のために全く違う仕事にとりかかっていたりしている。職を転々としたり、自分で商売を始めたり、株式投資したり、人からカネを借りるどころか、たかったり、収入を得る方法も様々だ。

もちろん、成功する時もあれば失敗する時もあるが、多くの偉人に共通するのは、生活するためにはなりふり構わず稼ぐ姿勢だ。

「昔の人とは時代が違うし……」という声が聞こえてきそうだが、いつの時代も当事者たちは今を生き延びるために、必死だったことが本書を読めば理解できるだろう。

もちろん、カネがあっても必ずしも幸せではない。偉人の人生は、成功しようが悩みは尽きないことを物語っている。成功しながらも自死を選んだ者すらいる。ただ、偉人の職業人生を辿ると、食えないようでは何もできないこともわかる。まず、稼いで生活の基盤を固める必要があるのだ。

「この先の人生が不安だ」と叫び、ＳＮＳで憂さを晴らしたところで、人生は何も変わらない。重要なのは動くことだ。偉人たちですら世間体を気にせず、人に頭を下げたり、頼み込んだり、ときには逃げたり、必死にもがいた。食っていくためにはなりふり構わず、プライドを捨て、何でもした。偉人たちの「生き延び方」にみなさんが今の現代を生きるヒントがきっと見つかるはずだ。

偉人の生き延び方　目次

第2章　手堅いサイドビジネス

第3章 食うためにはなんでもやります

いつのまにか本業に

第1章

芥川龍之介

職がなければ
泣きついちゃえ！
文豪の転職術

Ryunosuke
Akutagawa

【小説家】

「しぬ、しぬ、しぬ、もう、だめだ、しぬ、しぬ、しぬ」といった心境だったのだろうか。

作家の芥川龍之介は大正七年(一九一八年)十一月二日、俳人・高浜虚子の息子の年尾に「うつるといけないから来ちゃだめです。熱があって咳が出て甚だ苦しい」と手紙を書いている。翌日は後に作家になる小島政二郎に「熱が高くつて甚よわった」と書き、五日にも小島に「退屈だから又これを書きます」と手紙を送っている。

「苦しくて退屈ならば寝てろよ。おまえは、かまってちゃんか」と突っ込みたくなるが、芥川がかまって欲しくなる気持ちもわかる。実は芥川はこの時、スペイン風邪で苦しんでいた。甚だ苦しいはずだ。おれ、死んじゃうかもと思っても不思議ではないし、実際、辞世の句まで用意しようとしていた。

今から数年前に世界を恐怖に陥れた新型コロナウイルスの感染拡大で、約一〇〇年前に大流行したスペイン風邪の怖さを再認識した人も多いだろう。第一次世界大戦末期から戦後にかけて世界中で猛威を振るい、少なく見積もっても当時の世界人口の約二%に当たる二五〇〇万人が病死したといわれている。日本にも大正九年(一九二〇年)までに三回襲来し、四〇万人前後が命を落とした。芥川は一命を取り留めたが、大正八年(一九一九年)の三月には実父をスペイン風邪で亡くしている。

芥川といえば、東西の古典に通じた才人として知られた。「蜘蛛の糸」「鼻」など、文学に全く興味がなくても強制的に教科書で読まされた作品はあるはずだ。芥川は、元々は作家志望ではなかった。大学の教授になろうと考えていたが、同人誌仲間の久米正雄や菊池寛との交流から作家を志すようになる。東京帝国大学英文科を二番で卒業するが、首席の人間が教授の腰巾着の点取り虫であったこともあり、アホらしくなり、研究職への熱が冷めたともいわれている。「早熟の天才」と後にいわれるように、東京帝大時代に同人誌に書いた「鼻」が夏目漱石に激賞され、若くして注目される。こう書くと、歌手のつんくに見いだされた後藤真希のように、めっちゃ発掘された感があるが、その同人誌自体が漱石に感想を述べてもらう目的で編まれたものであり、見ず知らずの関係ではなかった。漱石がたまたま手に取った同人誌を読んで「こいつはすごい」と唸ったわけではないのだ。とはいえ、才能が同人仲間で抜きんでていたことは間違いないのだが、その才能をもってしても、本人は意外に堅実だった。「文士では食えない」と言われた時代背景もあり、大学卒業後には小説を書きながら、就職する道を選ぶ。

「敗戦教官」と文士の二足のわらじ

恩師の推挙もあり、大正五年（一九一六年）一二月に海軍機関学校に英語教官の職を得る。この学校は軍人の養成機関である。軍隊と芥川は結びつかないが、実際、授業内容は独特だった。戦争を「人殺し」と断罪し、「小説は人生に必要か」と意地悪い質問をする生徒には「戦争が人生にとって必要だと思うなら、これほど愚劣な人生観はない」とやり返す。その通りかもしれないが、日露戦争にも勝ち、海軍がイケイケどんどんの時にそれを士官候補生の前で平然と言ってのける。だが、これだけで驚いてはいけない。芥川は軍人が聞いたら激怒しかねない発言を連発していた。

例えば、戦意高揚に励む他の教官をよそ目に学生達に「君達は勝つことばかり教わって、敗けることを少しも教わらない。ここに日本軍の在り方の大きな欠陥がある」と説いてしまう。当然、一部の生徒や教官にはむちゃくちゃ不評で「敗戦教官」というあだ名までつけられる。そして生徒が皆、短髪なのに教官とはいえ、ひとり長髪。教科書でおなじみのあの髪型である。「軍人をなめているとしか思えない」と怒りを買うのは誰が考えてもわかる。「けしからん」と思った生徒に質問されても、芥川は動じない。「のびる髪を短かく刈り込むとは、その方がかえって不自然である」ともてあそぶ。実際、軍人をなめていたのか、軍人批判の舌鋒も鋭く、「君達は職業軍人にすぎない。それも片輪の人間で、少しもえらくない」とこきおろす。批判というかもはや悪口だ。教え子のひとりは「陸軍の教官であったら、たちまち反戦主義者として、憲兵隊に拘引されていたに違いない」と述懐している。

お役所的仕事に嫌気が差して……

芥川は小説家として一本立ちする自信はなかったものの、海軍機関学校に職を得て一年も経たずして、二足のわらじが嫌になる。恋人との結婚も視野に入れていた時期で、将来を模索し始める。

軍学校の初任給は六〇円だった。決して安くはないが、今とは比べようもないエリートだった帝大出としてはべらぼうに高くもない。当時、今の国家公務員上級職の初任給が七〇円、第一銀行（現みずほフィナンシャルグループ）の初任給が四〇円、巡査の初任給が一八円、国鉄（現ＪＲ）の入場券が一〇銭、うな重が四〇銭の時代だ。いずれは筆一本で暮らしを立てたいと思い始めるも「名人気質」と当時から言われていただけに筆が速くない。「殆ど文章として、一気呵成に書き下ろすことはなかった」（久米正雄）、「一作一作に打ち込むその刻苦は、なみたいていのものではなかった」（編集者の横関愛造）。書けても一日四、五枚だったという。

そこで、芥川は、大正七年（一九一八年）一月、これまで寄稿していてつながりがあった大阪毎日新聞（大毎）の薄田泣菫学芸部長に「社友」にしてくれと泣きつく。新聞では大阪、東京の毎日新聞以外には書かないことを条件に月五〇円（原稿料は別）で契約を結ぶ。軍学校の給料と合わせれば一一〇円になる。

とはいえ、芥川の不満はおさまらない。不満の根源は軍学校の仕事内容でも金銭でもなく、お役所式の勤務体系にあった。芥川が受け持つ授業時間は週一〇時間前後だったが、授業があろうがなかろうが、当時住んでいた鎌倉から学校のある横須賀まで毎日出勤して、午前八時から午後三時までは何もすることがなくてもいなければならなかった。常人ならば「いればいいだけなんて緩くて最高の職場じゃん！」と歓喜するだろうが、天才芥川としては「この俺をただただ待機させるとは何事か」と思ったのか、苦痛でたまらないと周囲に漏らすようになる。

おまけに、海軍の軍拡張方針に沿い、生徒数が今後激増する予定で、仕事の煩雑さが増すのも必至のため、「もう、やってられん」と本格的に転職を考える。

芥川、決死の転職

大正七年（一九一八年）秋、慶應義塾関係者とパイプが太い、作家の小島政二郎に、慶應に就職したいと頼む。「横須賀通いが嫌になったのです」と給料は低くてもいいし、休日が少なくてもいいから東京に戻りたいと訴える。

よほど、通勤とお役所勤務が嫌だったのだろう。大正八年（一九一九年）の年明けには今度は社友だった大毎にも転職を打診する。慶應への就職を頼みながら二股をかけたのだ。社友でたいして仕事をしてなかったくせに、今度は社員にしてくれと訴える。

突然こんな事を申し上げるのは少々恐縮ですが、私はあなた方の社の社員にしてくれませんか。私は今の儘の私の生活を持続していく限り、とても碌な事が出来そうもない気がするのです。碌な仕事が出来ないばかりではない。あなたの方の社から月々五十円の金を貰っていながら一向あなたの方の社の為になる仕事が出来ないだろうと思うのです。

〔『芥川龍之介全集　第十八巻』岩波書店〕

芥川は色々書いているが、結局のところ、「大毎の仕事ができないのは、大毎の社員じゃないからだ！　仕事して欲しかったら社員にしろ！」という内容であり、現代ならば、「逆ギレ芥川」と言われかねない。「出勤義務を負わずに年何回か小説を書く」、「社友の時は原稿料を別に貰っていたが、原稿料を貰う代わりに小説を書く回数を設定する」と自ら条件を提示し、客員社員としての採用を持ちかける。見た目からは想像できないアグレッシブさとわがままぶりに驚く。

もちろん、芥川自身も無理は承知だったのだろう。「こんな事を考えるのは或は大に虫が好すぎるかもしれません。しかし今の私はその虫の好さを承知の上であなたに相談しなければならない程作家生活の上の問題に行き悩んでいるのです」と添えている。

当時の大毎に勢いがあったこともあり、芥川の勝手な申し出は受け入れられ、三月に社員になる。

月給は一三〇円。それまでの海軍学校の給料(インフレもあり昇給していた)が保障された形になる。ちなみに慶應には履歴書まで送ったが、大毎入りで話は流れる。あまりにも勝手だ。後日、芥川は仲介を頼んだ小島に「慚愧」と手紙を送っているが、確かに、恥ずかしい。

とにかく周りを振り回す

さて、大毎に「一年に一二〇、一三〇回、何かを書く」という約束を果たすべく芥川は心を入れ替えて、原稿を書いたのだろうか。もちろん、そんなつまらない男ではない。

元大毎社員の澤村幸夫は「大正九年に『素戔嗚尊』を書いた外は八・九両年は、あまり大毎のために執筆していない」と振り返っている。結局、原稿を書かない。

大正一〇年（一九二一年）には大毎の海外視察員として中国に派遣される。大毎は紙面で「現代文壇の第一人者の芥川龍之介氏の中国周遊記、こうご期待」と社告を大々的に掲げるが、待てど暮らせど原稿は届かない。もちろん、現代とは通信環境が異なるので、リアルタイムどころか数日から一週間程度は新聞社側も我慢できただろうが、一ヶ月経っても二ヶ月経っても届かなかったというから穏やかではない。海外出張に行った社員が全く働かず、本社からの指示も一切無視する。とんでもない不良社員だ。担当の薄田学芸部長は憔悴しきり、督促の電報を矢継ぎ早に送ったが、それでも書かない。芥川自身、働く気がなかったのだ。海外視察員を承諾したのは、当時、交際していた不倫関係にある女性から逃亡したい一念だったとの見方が支配的だ。中国行きは不倫地獄から逃れるための蜘蛛の糸だったわけだ。

芥川は「社員」として仕事をしなかったが、作家として何も書かなかったわけではない。「社員」である大毎以外には原稿を書いていた。むっちゃ、たちが悪い。年譜を見ても、「中央公論」や「新潮」には定期的に寄せている。原稿料の出ない大毎に書いてもカネにならないと思ったのか、大毎ではあまり目立った仕事をしていない。もう書けませんと連載を打ち切ったこともあるし、薄田氏の催促がしんどいと周囲にもらしていたこともあるが、それも自分から契約を提示し、社員にしてもらったのに書かないからである。全て芥川が悪いのだ。ちなみに、芥川と同時に大毎の社員になった菊池寛は「真珠夫人」を連載し、大ヒットを飛ばしている（契約時の月給は芥川より安い九〇円にもかかわらず、紙面に貢献していた）。

「お願いします。お願いします。ちゃんと原稿書きますから社員にしてください」と泣きついてほとんど書かないなんて、大胆すぎるが、当然、見ている人は見ている。

芥川を招聘した薄田学芸部長が大正一二年（一九二三年）一二月に病気で職を離れるや、大毎にくすぶっていた不満が爆発する。社内で「あいつ、他誌にばかり執筆してうちには書いてないじゃん。副業ばかりしてるじゃん、ふざけるな」と声があがったのだ。びびった芥川は社に足を運び、謝罪する。

大胆さと繊細さのはざまで

芥川が昭和二年（一九二七年）に三五歳の若さで自死したことは広く知られる。死去の原因は親族問題や女性問題など色々指摘されるが、芥川の気質がもともと繊細で神経質だったことが命を縮めたのは間違いないだろう。そして、芥川は繊細さだけでなく時に大胆さを持ち合わせていたことも悲劇を招いたのかもしれない。

象徴的なエピソードがある。芥川が海軍機関学校の同僚と同宿した際、寝る間際に「便所に行きたい」と言い出したが、便所に行く道が閉ざされていた。「面倒だし、じゃあ、我慢するか」と寝たが、我慢できるわけがなく、夜半、芥川は窓を開けて階下に豪快に放尿した。同僚は芥川の行為に気付いたが、寝たふりをしていた。翌朝、芥川は何度も何度も病的なほど窓から下を確認していたという。夜中に確認もせずに放尿してしまったため、朝になり、「下に何かあったら大変だ」と青ざめたわけだ。出しちゃったものは引っ込めようがないのに。夜中の放尿ひとつでこんなに悩んではさぞつらい人生だっただろう。

話が逸れた。芥川ほどの才人ですら、仕事に困ったら、恥も外聞もかなぐり捨てて、泣きついているわけだから、我々常人は一円にもならないプライドを持ってはいけない。生きていれば、おそらく誰もが多かれ少なかれ行き詰まる場面に出くわすだろう。そういうときは、仕事の条件を遂行できるか、できないかなど考えずに泣きつくのだ。土下座上等、二股だって気にしない。お願いします、お願いします、どうにかしてください。かじるすねをかじり、泣きつけるなら泣きつく。それも世知辛い世の中で稼ぐためには不可欠な才能だろう。

ウィンストン・チャーチル

Winston Churchill

［英国首相］

優雅な暮らしと
引き換えの
タフな副業人生

一九世紀末から二〇世紀半ばにかけて英国で最も稼いだジャーナリストをご存じだろうか。後に英国の首相となり第二次世界大戦の英雄となったウィンストン・チャーチルだ。軍人時代に現地から新聞社に送った記事が話題を呼び、退役後にボーア戦争に従軍記者として派遣された際の報酬は月二五〇ポンド。これは今の日本の貨幣価値に換算すると三〇〇万円程度になる。後に政治家になり、晩年に刊行された『第二次世界大戦』は世界中で読まれ、その著作権料は現在の日本円にすると六〇億円を超える。

「現役の政治家の時も書いていたの？」という疑問もあるだろうが、書きに書いて書きまくっていた。チャーチルはディケンズよりも、シェークスピアよりも、二人の作品を合わせた量よりも多くの文章を書いた。量だけでなく、言葉の達人でもあり、「鉄のカーテン」、「サミット」、「中東」など現代でもお馴染みの言葉はチャーチルが生み出したり、広めたりした。

貴族出身で政治家になったチャーチルがなぜそんなに書く必要があったのか。それは逆説的だが、貴族出身が故に書く必要があったのだ。

収入も多いが、支出はもっと

屋敷には常に一〇人近い使用人がいて、乳母、家庭教師、自身の秘書官、運転手、庭師、馬丁など、収入に比べて支出があまりにも多すぎた。加えてチャーチルは稀代の美食家である。食事の際には必ずシャンパンをあけるし、屋敷の庭の温水プールは一年中二四度に保たれていた。

ケタ外れの生活費を稼ぐには書き続けざるを得なかった。出費が多いから稼がなければいけないのか。稼ぐから出費が多いのか。いずれにしろ、入り口も広いが出口も広い、典型的な家計だった。

文筆業の副業はいつのまにか副業が本業になるか、「意外な才能としての執筆業」という形で本業の傍ら遊び程度に続ける場合のどちらかが多いが、チャーチルの場合は違った。書きたいから書いていた側面はあるが、優雅な生活を維持するために書き続けざるを得なかった。

チャーチルは政治家になる前から、執筆の世界に足を踏み入れていた。それも本業ではなく、副業という形だ。つまり、「一生、生活のために副業で書き続けた人」なのだ。これはチャーチルの経歴と大きく関係している。

貴族の三男坊の苦難

彼の祖父の屋敷はオックスフォード郊外にあった。敷地は現在の東京都台東区より少し狭い面積といえば、その広さが理解できるだろう。そう聞けば、悠々自適にも映るが、この広大な土地はチャーチルには無縁だった。

英国の上流階級は長子が総取りの世界だ。長男が爵位も土地も財産も全てを引き継ぐ。チャーチルの父親は三男だったため、祖父が広大な土地を持っていたところで、何の権利もない。その三男坊の長男となれば自力で人生を切りひらくしかなかった。見方によっては、祖父の庇護のもと贅沢三昧の生活を幼少期に送りながらも、それを一生支える十分な資産のあてはないのだから悲惨だ。

父親は議員として活躍したが、家計はザル。実家が台東区ならば、ゲストルームの広さは上野公園の面積くらいはあっただろう。そのような環境で育ち、放り出されれば金勘定などできるわけもない。借金まみれで、死ぬ数年前に購入した鉱山の権利が高騰したおかげで、借金を何とか返せたというありさまだった。

とはいえ、チャーチルは相続権がなくても、上流階級の生まれに変わりはない。当時の上流階級の子女はパブリックスクールからオックスフォード大やケンブリッジ大に進み、医者や弁護士、大学教授など専門職に就くのが、王道だった。ところが、チャーチルは学業成績が優れず、その道は閉ざされる。士官学校に入り、軍人の道を歩み始める。

軍人が儲からないなら

ここでチャーチルは気づいてしまう。「軍人はカネにならない」。軍人といっても公務員である。チャーチルの優雅な生活は実家の資産で成り立っていたが、実態は火の車。それならば、つつましやかに暮らせばいいがそんな気は毛頭ない。

おまけに、戦争自体が以前ほど多発しておらず、カネもなければ仕事も、名誉を得る機会も少ない。「いずれは父親みたいに議員に」という野望を抱き始める（議員になったところで、収支は晩年まで常にひっ迫していたが）。

どうすれば一軍人が議員になれるか。そこで考えたのが武功をあげ、それを自ら宣伝することである。手柄を立てて目立てば箔が付いて、名前が売れる。選挙でPR材料になる。

それからの彼は英国が戦争で顔を突っ込めそうな場所を見つけるや、自ら転任希望を出して赴任する。野次馬根性丸出し。おそらく世が世ならば軍人YouTuberになっていたかもしれない。

キューバ、インドと転任するが、戦地でもとりわけ危険な場所に顔を出し、文字通り弾丸が飛び交う中に、好んで飛び込んだ。そして、その体験を記事として、英国の新聞社に定期的に送り、名をあげようとした。キューバ、インドとその都度、新聞社と従軍記者契約を結んだ。これは家計が苦しいチャーチルにしてみれば原稿料を稼ぐことにもなり、一挙両得だったが、身を危険にさらしても名声を上げようとする行為が問題になり、現場を外される。

もちろん、タダでは転ばない。戦場の一番危険な場所に飛び込んで、文字通り、生死をかけた戦闘を書いているからつまらないわけがない。戦地から送った記事を書籍にまとめて、一八九八年に刊行したところ、これがウケに受け、軍人としての年収二年分を手に入れる。

その後も戦地で記事を書き続け、一九〇〇年までに五冊の本を世に送り出した。戦争に従軍して現地から送られてくる彼の記事の臨場感に読者は興奮し、時の首相のソールズベリーたちは公式の報告書よりも役に立つと絶賛した。

執筆への異常なバイタリティ

チャーチルはこの後、二五歳の時に陸軍を退官し、選挙に立候補するものの落選。新聞社の特派員として、一八九九年に南アフリカにボーア戦争の取材に軍務で派遣される。このときの契約が月額二五〇ポンドだったというのは冒頭に記したが、いかに売れっ子だったかがわかるだろう。

南アフリカでは敵に捉えられてしまうが、脱走して、これも記事にしてしまい、結果的に彼の名を上げることになる。記事をまとめた本も売れに売れ、翌年の選挙で当選し、念願の政界進出を果たす。本が売れたことで、講演依頼もあとをたたず、本の印税と講演料で一万ポンドの大金を手にしたともいわれている。これは今の日本円にすると一億円を軽く超える。

チャーチルは戦場を離れ政治家になっても書き続けた。歴史物や自分の祖先についてだ。一九〇三年には八〇〇〇ポンド（一九〇五年のレート換算で約九六〇〇万円）の報酬で実父についての執筆を依頼されている。

書き続けたことが、時にはチャーチルを救った。チャーチルには政治家として二年ほど空白の時期がある。閣僚を歴任してキャリアを重ねていた一九二二年一一月の総選挙でまさかの落選。捲土重来を期した一九二三年一二月の総選挙にも落ち、一九二四年三月の補欠選挙にも敗れてしまう。復帰は二四年一〇月の総選挙まで待たなければならなかった。この間、第一次世界大戦に関する著作『世界危機』の執筆や講演で生計を立てた。

驚きの分業体制

落選時ならまだしも、政治家としての彼がなぜこれほどまでの量を書けたのか不思議に思う人もいるだろう。彼の執筆活動はある意味、先進的だ。チームで一冊を作り上げる現代のビジネス書のような布陣を敷いていた。

チャーチルの邸宅には六万冊を超える本が保管されていた。ここから執筆に役に立ちそうな情報をお抱えのリサーチャーが抽出する。オックスフォード大学の研究員など最大六人のリサーチャーを置いていた。

チャーチルは選び抜かれた資料を読み込み、熟慮し、執筆を始める。といっても、彼は主に口述筆記を採用していた。練りに練った上で発せられた言葉をタイピストが打ち込む。その文章をチャーチルが手書きで修正すると、活字が組まれる。だが、ここで終わりではない。

チャーチルは強調するために文節の場所を変えたり、形容詞を変えたりと、推敲を重ねる。ともかく自分の労作をみがき上げる過程が楽しくて仕方ないのだった。その後で、推敲し尽くした原稿を活字にするために再びスタッフに渡す。

〔『チャーチル・ファクター　たった一人で歴史と世界を変える力』ボリス・ジョンソン（石塚雅彦・小林恭子訳）、プレジデント社〕

おそろしく工数も費用もかかる形式に驚く人もいるだろう。
ベストセラー作家でなければこれほど手間暇はかけられないが、チャーチルはまさにベストセラー作家だったから実践できた。

一九二九年から一九三七年の間、平均一万二八八三ポンド（※著者注：一九三〇年のレート換算で約九〇〇〇万円）を稼いだ。有望なプロの作家が望む収入の一〇〜一二倍である。

〔同前〕

だが、最大の驚きはチャーチルがこうした作業を夜の一〇時頃から始めることだ。
チャーチルは昼夜を問わず酒を飲み続ける生活を送っていた。朝から飲み、ディナーでもシャンパンやワインなどをたらふく飲んだ。後世の多くの人はアルコール依存症だと口を揃えるほどだ。依存症だろうが、健常だろうがこれほど一日に飲めば「今日は疲れた」と後は寝るだけだろうが、チャーチルはそこから口述作業を始めるのだから恐れ入る。その超人的な体力、より正確にいえば超人的なアルコール分解力には敬服せざるをえない。

タフネスで成功した人生

チャーチルの著作に関しては文学的素養がないなど批判もある。ノーベル文学賞の受賞を疑問視する声も少なくない。ただ、政治家でありながらも、膨大な量を書きまくり、その時代の読者を惹きつけてやまなかった書き手の一人だったことは否定できない。

第二次世界大戦中の二年半（一九四〇年五月から一九四三年一月）の期間だけで、チャーチルの移動距離は地球四周以上に相当している。肝臓だけが丈夫だったわけではない。本業も副業も結果を出すには才能やセンスよりもまずは体力なのかもしれない。

安倍晴明

イケメンヒーロー？

ただの真面目な公務員？

Seimei Abeno

［陰陽師］

「おいおい、安倍晴明、イケメンの上にどんだけ力あるのよ」

現在、アラフォー以上の方は平成一三年（二〇〇一年）に公開された映画『陰陽師』を見て、そう感じただろう。「陰陽師ってなんだよ、そもそも野村萬斎って誰よ」

よくわからないことをブツブツ唱えて敵をなぎ倒す。エンタメ映画といえばそれまでなのだが、原作の夢枕獏の小説のメガヒットもあり、安倍晴明＝イケメン、安倍晴明＝謎のパワーの使い手という認識が二一世紀初頭の日本では広まったのだ。そしてそれから二〇年以上経った今も、多くの人が描く安倍晴明像は変わらない。令和五年（二〇二三年）にＮｅｔｆｌｉｘで放映されたアニメ『陰陽師』でもイケメンの安倍晴明が活躍しているし、令和六年（二〇二四年）四月に公開された映画『陰陽師０《ゼロ》』も安倍晴明役はイケメン俳優の山﨑賢人だ。

異色なのは同年の大河ドラマ『光る君へ』。安倍晴明にユースケ・サンタマリアをキャスティングした。「ユースケ・サンタマリアも俳優するくらい顔整っているでしょ」といわれたらそれまでなのだが、これまでの安倍晴明像とはちょっと違う。そもそも年齢がかなり上だ。それだけでなく、どことなく陰険で、自分の力を吹聴し、貴族から認められようとする、したたかさが見え隠れする。視聴者から「こんなの安倍晴明でない」と声が聞こえてきそうだが、実は史料によれば、安倍晴明は野村萬斎よりユースケ・サンタマリアだし、正義のヒーローというよりはしたたかな役人が実像に近い。ある専門家は「ユースケ・サンタマリアより石橋蓮司がいい」と指摘しているくらいだ。大河の脇役ならば石橋の怪演ぶりは光るが、石橋蓮司主演の映画「陰陽師」となると途端にB級感が出てきて、今のような陰陽師の認知度の高さはなかっただろうが。

案外地味で遅咲き？

そもそも、安倍晴明についてはよくわかっていない。よくわかっていないから想像がふくらみ、イケメンのヒーローの安倍晴明像が生まれたともいえる。史料によると石橋蓮司といったが、実際、安倍晴明が怨霊を呪術で倒すなどスーパーマンのような活躍をするのは後世の記述であり、彼が生きた同時代の記録には認められない。それならば、全くの妄想なのかといわれるとそうでもないからややこしい。

安倍晴明が同時代の記述に認められるのは天徳四年（九六〇年）、晴明が天文生の特待生である「天文得業生」になっていたことだ。天文とは何かというと日食や月食、彗星の出現などの天体現象から未来に起こり得る異変を予測する仕事だ。陰陽寮と呼ばれる奈良時代の律令制において設置された機関の技術専門職のひとつだ。晴明は天文を学ぶ優秀な学生だったわけだが特筆すべきは彼がその頃、四〇歳だったことだ。これは当時でも、めちゃくちゃ出世が遅い。そして、私たちが想像する「陰陽師」とはちょっと違う。

さきほど陰陽寮という機関があると述べた。

陰陽道は中国の陰陽・五行の思想が由来だが、陰陽道という言葉自体は中国にはない。日本で発展したという見方が支配的だが、それを担ったのが陰陽寮だ。

陰陽寮は八世紀初頭に整備されたが、大きく三つの組織から構成されていた。晴明が所属していた天文部門、暦部門、そして陰陽部門である。現在の大臣や長官にあたる幹部職である陰陽頭の下に、技術系専門職としての陰陽博士、天文博士、暦博士が各一人、漏刻博士が二人、陰陽師が六人、そして、博士たちの配下で学ぶ陰陽生、天文生、暦生などの学生が属していた。

「天文」部門は、天体を観測し、惑星が月に接近したり、彗星が出現したり天文異変が起きたら、その吉凶の意味を占って天皇に報告する。天体の異変は国家の大事につながるため、占事の内容は封じられて報告されるので「天文密奏」と呼ばれていた。中国では「天文観生」が九〇人も置かれていたが、古代日本ではその職務を担っていたのが天文生たちだ。そして天文生たちの観測結果を聞いて博士が天文古書を見て、判定していた。晴明は後に天文博士になるが、そのときにすでに五〇歳を超えている。

「暦」部門は、簡単にいえばカレンダーを作る仕事だ。といっても、現代のカレンダーづくりとは職務内容は全く違う。天体の動きやそれに伴う季節の移り変わりや、自然現象の背後にある神霊の働きを計算する大役を担っていた。その結果を「暦」として製作し、天皇に奏上していた。

みなさんが、もっとも気になるだろう「陰陽」部門は、変異現象が起きたときに占いを立てたり、宮殿や寺院を建てる際に土地の良し悪しを判定したりした。これが狭義の律令官人としての「陰陽師」で国家公務員としての占い師のようなものだった。ちなみに、歴史記録上、最初の「陰陽師」は『日本書紀』に出てくる。奈良時代から平安時代初期までは、「陰陽師」といえばこの律令官人としての陰陽師を意味した。一般的に陰陽師とは「陰陽寮」に所属する「卜占・相地」を専門とする技術官人であり、晴明は「天文得業生」、「天文博士」などに就いていたが、伝統的な陰陽師の官職に就いていたかは定かではない。

実際、晴明の官職で判明しているのは、主計権助（中央財政の収支計算を管掌する役所の名目上の次官）、備中介（今の岡山県西部を治める国司の次官）、左京権大夫（朱雀大路の東側地域を管轄とする役所の名目上の長官）、大膳大夫（朝廷の会食料理を担当する長官）、穀倉院別当（諸国の米穀の収納・保管をする役所の長官）などである。

時代のニーズが、晴明を陰陽師にした

長々と細かいことを記したが、何をいいたいかというと、晴明は全く怨霊を退治できそうな

官位に就いていないのだ。「ただの中級役人じゃねーか」となりそうだが、そうでないところがややこしいのである。

実際、晴明は自称陰陽師だったわけでも後世の人が祭り上げたわけでもない。藤原道長など貴族にも評価された陰陽師だった。

「えっ、だって正式な陰陽師ではないんでしょ？」と頭が混乱してきた人もいるかもしれないが、正式な官職としての陰陽師ではないのだが陰陽師だったのだ。別に自称会社役員みたいに自称陰陽師だったわけでもない。

なぜ、そのような状況が起きたかというと、陰陽師の需要が一気に増したからだ。

当時の貴族は現世の災いを密教、死後における救済を仏教に頼っていた。ただ、科学が今ほど発達していない時代である。天災が起きたり、病になったりすれば不安は募る。個人救済の熱の高まりは、仏教や密教では対応しきれなくなった。災いを避けるために、暦や方角に禁忌、呪詛に対するお祓い、長生きのための祈禱などの需要が増し、その需要を満たしたのが晴明たちだった。いつのまにか、本来の業務である占術だけでなく、天皇や貴族の日常に関わる祭祀や儀礼にも関わるようになる。こうした背景もあり、従来の陰陽寮の陰陽師だけでなく、天文や暦の職に就いている場合でも陰陽師と呼ばれるようになったというわけである。

さらに現役の陰陽寮の官職でなくても、OBも陰陽師を名乗るようになった。元警察官がワイドショーに出てきて解説するようなものか。ちょっと違うか。役職と関係なく、腕が立つものが重宝されるようになったのだ。陰陽師・安倍晴明が生まれたのはそうした文脈なのである。

陰陽師界の頂点へ

晴明は史料からは長徳元年（九九五年）に一条天皇の蔵人所陰陽師に就いている。これは天皇専属の陰陽師で、陰陽寮の官職としての組織とは別個の機関だ。「蔵人所陰陽師は、内裏に怪異現象があれば、その吉凶を占い（蔵人所かんじん御占）、天皇行事の日時を勘申し、凶事と判じたら祓えを行な」（『安倍晴明　陰陽の達者なり』斎藤英喜、ミネルヴァ書房）った。当時、人事のルールとして定められた官職とは別に課題に柔軟に対応するための職掌が生まれていた。蔵人所陰陽師もそのひとつである。

晴明は陰陽寮という官僚組織とは別の系統の陰陽師だったわけだが、決して後者が傍流というわけではなく、立場としてはむしろ上位に位置していた。組織の論理よりも、技術の担い手という職能の論理が優先されていたのだ。

つまり、安倍晴明が地位が高い陰陽師だったことは間違いない。陰陽師界の頂点に立っていたのだ。だからといって、「やっぱり安倍晴明は映画みたいにすごかったのね」とはならない。このとき、すでに七五歳である。怨霊と軽やかに戦うのは無理がある。

実際、晴明がどこまで陰陽師として辣腕をふるったかは定かではない。

平安末期から鎌倉時代に編纂された『宇治拾遺物語』、『古事談』、『十訓抄』などには晴明の陰陽師としての凄さを語るエピソードが少なくない。いずれも誰かに掛けられた呪詛を晴明が打ち返して、助ける内容だ。有名なのは、藤原道長に仕掛けられた呪詛を晴明が察知して、道長の命を救う話だ。陰陽師同士が呪詛を仕掛けたり、打ち返したりする陰陽師像はこうした説話集からつくられたものといえるだろう。

ところが、晴明が生きた同時代の史料のなかには、彼が仕掛けられた呪詛を打ち返す記述はない。そもそも呪詛を察知する例もほとんどない。

才ある者は、世に見つかる？

こうした背景から、一部の専門家が「安倍晴明の実像は職務に忠実な国家公務員であった」と指摘するが、専門外の多くの人間にしてみれば安倍晴明が実際に何をしていたかはあまり問題ではない。官職としては伝統的な陰陽師ではなかった晴明が当代一の陰陽師の立場を得ていた事実が重要なのではないだろうか。本来の業務でないところで、なぜかめっちゃ評価されていったのである。科学と呪術を結び付けた特殊な能力が求められるニーズが増した時代になったという「運」はあるが、能力があってこそなのは間違いない。「人生は五〇歳から」を一〇〇〇年前に体現した晴明こそ「人生一〇〇年時代」のロールモデルになりえるかもしれない。

直木三十五

事業で
ことごとく失敗も
副業で大成功

Sanjugo
Naoki

［小説家］

大正、昭和初期に活躍した直木三十五は忘れられた作家のひとりだろう。直木賞にその名を残すが、彼の小説を熱心に読んでいる人は令和の今、ほとんど見かけない。いや、全く見かけないといっても言い過ぎではないだろう。

その仕事遍歴、小説より奇なり

幕末の薩摩藩で起きたお家騒動をテーマにした『南国太平記』は直木を人気作家に押し上げた代表作だが、一九九〇年代に文庫で復刊したものの、初版で絶版になっている。実際、みなさんも「いやー、やっぱり『南国太平記』は面白いね。たまらないよ」なんて言っている人を見たことはないはずだ。

直木の執筆量の多さは当時、芥川と並び双璧だったが、芥川が読み継がれているのとはあまりにも対照的だ。正直、直木は小説よりも、彼自身の生涯が面白い。

直木は昭和九年（一九三四年）に四三歳でこの世を去るが、作家として小説を量産し始めたのは、死のわずか五年ほど前からにすぎない。それまでは、出版事業を興したかと思えば、日本初の文芸映画を製作するなど、実業家として活躍していた。出版も映画も当時は勃興期で成長が見込める産業だった。よく言えば、新しいもの好きのプランメーカーであり、実態は山っ気たっぷりのプロモーター。それこそが直木の本質だ。作家になったのは手がける事業がことごとく上手くいかず、書くことしか残らなかったからだ。

直木は明治二四年(一八九一年)、現在の大阪市中央区で生まれる。本名は植村宗一。植村の、植を、二分して、直木を筆名にした。その時、三十一歳だったので、直木三十一と名乗り、年齢とともに三十二、三十三と筆名を変えたが、「ちょっと変えすぎだろ」と周囲からの助言もあり、昭和元年(一九二六年)以降、三十五で固定する。

ダメンズで主夫の先駆け

直木は、早稲田大学入学と同時に上京するも、勉学そっちのけで遊ぶ。すぐに、後に妻となる女性と暮らし始めるも、倹約とは無縁だった。学生のくせに来客があれば酒やビール、肴を出し、寄席や芝居にも頻繁に足を運んだ。当然、カネは常に足りない。授業料として送金してもらったカネを使い込み、やり繰りしていたが、結局、中退。中退後も親を騙して仕送りを続けてもらうが、その場しのぎは続かない。四年経ち、親には卒業したと伝えたため、仕送りは止まり、働かざるをえなくなる。

とはいえ、就職難の時代。大学の卒業資格も得られず、そもそも本人に働く意欲が皆無なため、まともな働き口は見つからない。見かねた友人が就職先を世話してくれても、面接に行かなかったり、面接に行っても何も話さなかったり。「やる気あるのかよ」と誰もが思うだろうが、愚問だ。そんなもの、あるわけがない。

なぜか直木の代わりに、業を煮やした妻が働き始める始末で、直木が小さい子どもを背負ってあやすことに。主夫という言葉はない時代だがこの時代、直木はまさに主夫だった。この状況では、小説家直木三十五はどう考えても生まれそうにないが、大正七年(一九一八年)に人生の転機が訪れる。

一銭も出さずに起業、豪遊

会社(春秋社)を仲間と共に立ち上げたのである。立ち上げたといっても、自分のカネではなく、人のカネだ。

直木は、無口で愛想がないが、希代の「人たらし」だった。会社の設立も大学時代の友人が直木の魅力にとりつかれていたからだ。その友人が仲間と起業する際に「ほかに、面白いヤツはいないか」という話になり、誘われた形だ。直木はその頃、さすがに働き始めていたものの腰掛け程度で長続きせず、会社をいくつも渡り歩いていた。そこに、声がかかるのだから、持つべきものは友なのかもしれない。そして、一銭も出していないのに取締役として参加することになる。

直木はこのチャンスに別の友人も誘い込む。自分がカネを出したわけでもないのにそんな権限あるのかよと突っ込みたくなるが、驚いてはいけない。その友人に資本金を出させて、姉妹会社(冬夏社)を立ち上げてしまったのだ。直木、一銭も出していないのに、二社の幹部である。

春秋社では直木が企画した外国人作家の翻訳物が売れに売れたが、残念ながら、人間の本質は変わらない。カネが入ろうが、いや、入ったらなおさら右から左にカネを使うようになってしまったのだ。挙げ句の果てに会社のカネまで使い込み、公私混同で豪遊するようになる。

当然ながら、仲間の反感を買う。「あいつ、一銭も出してないのに会社のカネ、使いすぎだろ」となる。それなのに、直木はどこ吹く風で、我が物顔なのだから仲間としてはたまらない。直木は春秋社を追われ、大正八年(一九一九年)秋に春秋社は冬夏社と袂を分かつことになる。

冬夏社も長くは続かなかった。直木が出資者である友人の許可無く、無断で会社の中に別の会社を立ち上げてしまい、社内には暗雲がたれこめる。今でいう社内ベンチャーのようなものだが、友人としては相談もなく、会社を立ち上げられ、雑誌を出されてしまったら面白いわけがない。啞然とし、直木との縁を切る。

ちなみに、この友人は後に作家になる鷲尾浩（雨工）である。といっても直木以上に、知られていない作家だろう。新潟県の生まれで、三代続く医者の家だったというから「実家太くて羨ましいね」といいたくなるところだが、生後一年ほどの間に祖父と父が相次いで他界し、三歳の時には実家が全焼する。けっこう、悲惨だ。こうした環境もあり、鷲尾は早熟で世慣れしていたが、そのことが人生を狂わす。無口で横柄で偏屈で陰惨な感じもした直木に、出会ってすぐ魅せられてしまう。のちに「最初から直木を好きで堪らなかった。すっかり惚れてしまったのだ」と率直に書いている。だから、直木に起業の話を持ち掛けられたときも、友人や親族に頼み込み、五万円をかき集めた。コメ一〇キロが約三円だった頃の五万円だから大金だ。ただ、惚れたものの弱みで直木となかなか手を切れず、決断した頃には、時すでに遅し。放漫経営で六万円もの負債を抱えることになる。鷲尾は会社をたたみ、郷里に帰る。借金を返すために働きながら、創作を始める。

後に再び上京し、当代きっての人気作家になっていた直木に支援を求めるも、冷たくあしらわれたことを鷲尾は根に持ち続ける。直木の死後に「本当に忘恩の徒であった」とまで書いているのだが、怒りはもっともだろう。莫大な借金を背負って生活に追われる中、直木は大衆作家としてデビューし、『南国太平記』で一躍名をはせていたのだから、「おまえ、ふざけるなよ」といいたくなる。それも、「あの時は世話になったね」と助けるわけでもなく塩対応されるなんて。

皮肉にも、鷲尾は第二回の直木賞を受賞することになる。直木の人でなしぶりもすごいが、鷲尾もそんなに直木が嫌いなら受賞を拒否しろよとも思うが、直木と出会っていなければ、もう少し違った作家人生を送ったはずだろう。

「アイデアマンとしては有能だけれども、それ以外はダメ人間もいいところ」という人間は少なくないが、直木はまさにその典型だろう。結局、事業を仲間と興すも、追い出された形となった直木は、関東大震災が起きたこともあり、出生地の大阪に戻ることになる。

辛口エッセイストとして開花

とりあえず稼がねばならない。直木は出版社に社員として入社する。そして、副業として、東京時代に仲良くなった菊池寛が創刊した『文藝春秋』にエッセイを定期的に寄せ始める。

エッセイは文壇ゴシップが多く、「直木の辻斬り論法」とも呼ばれた辛辣な文体が受けに、受けた。あるときは、あまりの書かれっぷりに、若き頃の横光利一がぶちギレ、怒りのあまり「菊池寛と直木はクソだ（大意）」のような原稿を新聞に持ち込み、発表しようとした。これをいさめたのが横光の友人の川端康成だった。あのとき、横光がそのまま強行突破していたら、横光の文壇での立ち位置も変わり、戦前に「小説の神様」と持ち上げられることも戦後に戦犯として追及され、失意のまま亡くなることもなかったのかもしれない。

ちなみに、直木が菊池寛と知己をえたのは、直木が起業する前に勤めていた会社で、文士の講演会を企画したのがきっかけだ。菊池や芥川龍之介、久米正雄などを招き、案内役として接待したところ、「面白いヤツだ」となった。接待といっても料亭で豪遊するなどありきたりのスタイルではなく、真夜中に無言でいきなり山の中の遊里に連行するなど、ムチャクチャなのだが、そのムチャクチャさが作家たちに強烈な印象を残した。東京で出版社を人のカネで興したことからもわかるように、「人たらし力」が尋常ではないのだ。

山っ気出して、映画産業へ

雑誌の成長期に副業で始めたエッセイストとしてタイミング良く世に出たことで、会社をやめて、作家道を邁進する――おそらく多くの人はそんなストーリーを思い描いたかもしれないが、直木はどこまでも山っ気が強い。雑誌と同じく勃興期にあった映画産業に商機を見いだす。当たれば、実入りが出版業界とは比べものにならないほど大きいことに惹かれたのだ。文筆業は副業としてはよかったが、本来、チマチマとマス目を埋める生活は直木の性には合わなかった。

では、映画事業に直木がどのような経緯で興味を持ったのか。後に「日本映画の父」と呼ばれる牧野省三が直木の小説（勤めていた会社の雑誌に掲載されていた）をたまたま読み、映画化を直木に要望したのがきっかけだった。だからといって、普通の感覚ならば、自分で映画を製作しようとはならないだろう。あくまでも原作を映画化したいというだけの話だ。それなのに、直木は牧野のオファーを契機に「映画は儲かるな」とそろばんをはじき、牧野に取り入って、映画事業にどっぷりつかるようになる。

牧野は劇場経営から、映画製作に乗り出し、歌舞伎や講談を題材にした時代劇映画を世に送り出していた。阪東妻三郎など数々のスターを育てた。ちなみに、牧野の四女の子が俳優の長門裕之、津川雅彦兄弟である。

直木はただでさえ新しい産業だった映画業界で、牧野とさらに新しいことを始める。当時、映画業界は大手映画会社が自社での製作、配給網を築いていたが、業界の慣習を打ち破ろうとした直木は製作主体のプロダクション主義を持ち込んだ。

直木の発想は時代を先取りしていたが、既存の大手映画会社の壁は厚かった。いかんせん資本力がない。ヒット作もあったが自転車操業の経営は、じり貧状態に陥る。

カネの切れ目は縁の切れ目になるのはいつの時代も変わらない。直木と牧野の二人の間に不協和音が流れ始め、決定的な出来事が起こる。出演俳優である月形龍之介と牧野の娘が駆け落ちして、直木が月形の肩を持ったことに牧野は激怒する。牧野の邸宅が火事になった際には、「もうマキノ・プロダクション（牧野の映画会社）はおしまいだ」と直木が盛んにいいふらした結果、マキノから俳優が離れる。

直木は牧野との事業がどうにもならぬと悟っていたのだろう。「映画なんて子どものお遊びだ」と見切りをつけ、再び上京する。

余談だが、牧野と直木の遺恨は両者の死後も、消えなかった。牧野の息子で自身も映画監督のマキノ雅弘は自著『映画渡世　天の巻』（角川文庫）で直木をこきおろしている。「金がほしいだけで何も書かない作家」「タカリ専門の男」と言いたい放題で、「現在も続いている直木賞に、いったいどんな値打ちがあるのかと首をかしげずにはいられない」となぜか直木賞を主催する日本文学振興会（文藝春秋社の外郭団体）まで罵っている。

借金取りとも図太く渡り合う

三〇代半ばで再上京した直木だが、二年あまりの映画事業で増えたのは借金だけだった。大阪から家財道具を送るも、それらが全て駅で差し押さえられるくらいに困窮していた。そもそも、そんなに差し押さえるほどの物もなかった。大阪時代に自宅を訪れた同僚で、後に作家となる川口松太郎は直木の自宅のがらんどうぶりに腰を抜かしたと振り返っている。

直木の人生は、それまでも、そして流行作家になってからも借金と隣り合わせだった。カネがあろうと無かろうと、右から左にカネを使うため、常に金欠だった。

大阪に戻る前に出版社を経営していたときも、家には常に借金取りが行列をなしていた。借金取りが家に入り込んできても、お構いなしに眠りこけ、夕方になって相手が根負けして帰る頃に、起きたという。

もちろん、そんな生やさしい取り立て屋だけではない。二時間、三時間と詰められる時もあったが、直木は何も喋らなかった。あまりのだんまりぶりに、借金取りが疲れ果てると、「腹が減ったから、カネを貸してくれ」と言い放つというから呆れるを通りこして図太さに驚く。同時代を生きた作家の広津和郎は直木の毅然とした態度に感心し、「三番町時代の彼」というエッセイを残している。感心するところが間違っている気もするが。

とにかく書くしかない

プランナーとして一攫千金を狙うもことごとく失敗した直木に残された道は作家業しかなかった。大阪時代も原稿料で食おうと思えば食えたが、出費が多かった。それならば、作家業に専念すればどうにかなるはずだ。東京に再び出た直木が『南国太平記』を世に送り出すのはこの決断から、三年後である。

直木の経済感覚には「出口」を絞る発想はなかった。使いたいだけ使うには「入り口」を増やせばいいと考える人間だったから、人気作家になっても懐には余裕は無い。身に着ける物は高級品志向で、当時としては珍しかった外国製の自家用車も菊池寛と共同で所有していた。専属の運転手も雇っていた。酒が飲めないのに料亭に通って、派手にカネを使った。気に入った芸者がいれば東京から静岡まで通い詰めた。

昭和七年（一九三二年）の月収が二〇〇〇円と本人は記している。庶民の月収が六〇円から七〇円の時代だ。それでも余裕がないのだから、いかに使っているかがわかる。本人だけでなく、娘もハイヤーを乗りまわしていたというからカネはなくなる。ちなみに娘といっても、今で言うならば小学生の年齢である。なにもかもが、ケタ外れだ。

湯水のようにカネを使うから、書いて書いて書きまくった。新聞の連載小説をいくつか掛け持ちしても平然とこなした。寝っ転がりながら、一時間に五枚から一〇枚（四〇〇字詰め）書き飛ばし、最速で一時間に一六枚書いたというから恐れ入る。推敲は一切しないというから、荒削りだが、その反面、勢いのある文体が大衆の支持を得た。

ひょんなことから名を残す

直木は新しい時代を切り開くプランナー精神に富んでいたのは間違いない。大正期に出版社を立ち上げ、短い期間とはいえ軌道に乗せ、活字に飽き足らず、映像メディアにも進出した。作家業に専念しても、大衆に受けそうなものを提供し続けた。決して逃げずに、何事にも正面からぶつかった。借金取りにも向き合った。カネは返さなかったけれども。

ただ、アイデアマンではあるものの組織を回す術は持ち合わせていなかった。金銭面も、最終的に帳尻があえばいいし、あわなかったら支払わない。こうした気質を考えれば、事業が上手くいかなかったのも必然だった。だが、幸か不幸か、事業家として成功しなかったことが、直木を作家業に専念させることになり、思わぬ形で後世に名を残すことになった。世の中、何がきっかけで道が開けるかはわからない。

アルバート・アインシュタイン

Albert Einstein

【物理学者】

副業が
偉業すぎた、
遅咲きの天才

作家の業績を調べると代表作はある期間に集中して生み出されることが多い。

例えば芥川龍之介の代表作（少なくとも学校で習うという意味での）である「羅生門」、「鼻」、「芋粥」は大正四年（一九一五年）から翌年にかけて書かれている。

漫画家でも赤塚不二夫は息の長い漫画家と思われがちだが、「おそ松くん」、「ひみつのアッコちゃん」の連載は昭和三七年（一九六二年）に始まり、「天才バカボン」、「もーれつア太郎」は昭和四二年（一九六七年）に発表している。


研究者の世界も同じだ。一九〇五年は「奇跡の年」と呼ばれている。アルバート・アインシュタインが「特殊相対性理論」や「光電効果」など後世に残る論文を次々と書き上げ、現代物理学の扉を開いたからだ。

そう言われても、この凄さは私のような文系人間にはピンとこない。いや、全然わからない。小学生に「ねえねえ、おじさん、特殊相対論と一般相対論の違いを僕にもわかるように説明してよ」といわれたらたぶん泣く。「きみたち、そんなことを気にせずに家に帰ってＳｗｉｔｃｈでもやりなさい」と声を絞り出すのがせいぜいだ。おそらく、日本の大人がそんなのばかりだから、科学立国は遠のくばかりなのかもしれないが、理屈がわからなくてもアインシュタインの偉大さはわかる。私たちの生活にはアインシュタインの理論に基づいた製品があふれているのだ。スマホのGPSで迷わず目的地に着けるのは特殊相対性理論のおかげだし、デジタルカメラや太陽光発電は光電効果の恩恵だ。どうだろうか、アインシュタインがいないとちょっと自分たちの生活が成り立たないかもと思えてきたのではないだろうか。ちなみに、アインシュタインは光電効果の発見で後にノーベル物理学賞を受賞している。「だから、それはどんな理屈なのよ」という突っ込みはしてはいけない。「そんな偉大なアインシュタインが副業とどう関係あるの」という疑問こそ本書のテーマである。というのも、同一年に現代社会を支える論文を送り出したアインシュタインだが、当時、彼は大学や大手民間企業の研究者ではなかった。市井の研究者であり、正業は別にあった。つまり副業でノーベル賞級の論文をいくつも書いてしまったというわけだ。

大学からは門前払い

アインシュタインと聞けば世紀の大天才を想像するだろうが、学校の成績は決して芳しくなかった。

ドイツの中等教育機関であるギムナジウムを一五歳で中退。傑出した数学の才能を頼みにスイス・チューリヒ工科大学(連邦工科大)を受験したが、語学、植物学、動物学が合格点に届かず、一八九六年に二回目の挑戦で数理物理の学生になった。

興味の無い授業を欠席ばかりしていたため、在学中の成績も振るわない。一九〇〇年の最終試験は数理物理の同級生五人中四位の成績だった。物理学者として大学に研究職を求めていたが、この成績では当然ながら就職口があるわけがない。

それでもアインシュタインは諦めない。職を求め、ドイツ中の科学者たちに手紙や論文を送るが全く反応はなかった。

当然、食うに困るので、工業専門学校で数学を教える代用教員、成績の良くない高校生に数学を教える臨時教員などで糊口を凌ぐ。ポストを得られず鬱屈した日々を送った、苦しい時代にもうつるが本人は満足していたようだ。時間が有り余っていたので、大好きな物理学を自由に研究できたからだ。

例えば臨時教員時代は午前中に授業をすれば、午後は研究にまるまるあてられた。当時の手紙には「この仕事をやっていてどれほど幸せだったか、言葉では言い尽くせません」と書いている。幸せかどうかはあくまでも主観的であるのは今も昔も凡人でも天才でも変わらない。

特許庁職員の傍ら、偉業をなす

転機となったのは一九〇二年六月。大学の同期による口利きでスイス特許局に就職する。当時の生活は「月曜日から土曜日まで出勤し、朝は八時から正午まで働いた。その後、いったん家に帰って昼食をとることもあれば、友人と近くのカフェで食事することもあった。昼食後にオフィスに戻り、二時から六時まで働」いた(『量子革命』マンジット・クマール(青木薫訳)、新潮文庫)。

特許局には約六年にわたって身を置いた。冒頭で述べたように、この時期に後世の世界そのものを大きく変える「特殊相対性理論」や「光電効果」の論文を書き上げる。アインシュタインの名声も一気に高まるが、驚くべきことに彼の境遇に全く変化は起こらなかった。世界中の大学が彼にオファーをするような状況は起きず、依然として特許局の机に一日八時間座り続けなければいけなかった。

「あれ、けっこう評判になったのに、どういうこと……」と思ったかどうかはわからないが、さすがに我慢できなくなったのだろう。アインシュタインは再び大学に職を求める。一九〇八年にスイスのベルン大学に講師の職を得るが、講師といっても給料の出ない「私講師」だった。天才アインシュタインにとっては遅すぎる大学のポストだが、驚いてはいけない。このポストへの応募は実に三回目だった。

普通ならばやさぐれてしまいそうだが、めげずに応募し続けたのはチューリヒ大学の教授であるアルフレート・クライナーに強く促されたからとされている。クライナーはチューリヒ大学に新設される理論物理学の員外教授(助教授)にアインシュタインを採用したかった。そのためには特許局の職員でなく、最低でも私講師の肩書が必要だった。

クライナーの尽力もあり、結果的に一九〇九年にチューリヒ大学の員外教授になるが、そこからアインシュタインは私たちが知っているような偉大な物理学者としてのキャリアをようやく歩み始める。

これまでの冷遇ぶりが嘘のような出世を遂げるのだ。チューリヒに赴任するやいなや、学会の基調講演を頼まれ、注目の的になる。学会の基調講演は今も昔も通常は業界の大御所が担うポジションだ。少なくとも、つい最近まで職探しに奔走していた人間にそのような依頼は来ない。

才ある者も、埋もれた時代？

では、なぜそのような依頼がきたのか。アインシュタインは経歴と肩書だけだとエリート感は皆無で、ようやく職を得た苦労人だが、決して、評価が低いわけではなかった。当時はインターネットもない時代。アインシュタインが画期的な論文を書こうと、その偉業が広がる範囲は今とは比べものにならないくらい狭い。素性を知る術も限られる。大学の教員であると思っている人も多く、まさか特許局の職員が勤務時間外に書いた論文だなんて想像すらしなかっただろう。後に「特許局の職員がこんな論文書いたのかよ」と驚く人が多かったのも不思議な話ではなかったのだ。今も研究の世界ではポストを最初に得るまでが大変だが、昔も昔でハードルが高かったのだ。「昔はよかった」は現実逃避に過ぎない。ＳＮＳを使って自分を過剰に演出できる時代も困ったものだが、自ら情報発信する術がない時代はおそらく無数の才ある者が野に埋もれたまま一生を終えたはずだ。もちろん、圧倒的才能は時間がかかってもいずれ世に出るという考え方もあるが。

長い不遇のトンネルを通り抜けたアインシュタインは、引く手あまたになる。一九一二年にはかつて助手の採用試験にすら落とされたチューリヒ工科大学に招聘される。そして、一九一四年にはベルリン大学に迎えられた。授業の義務はなく、研究だけすればいいというアインシュタインにとっては好待遇だった。アインシュタインは決して講義に力をいれるタイプではなく、講義中に板書の計算をまちがえることもしばしばあった。

特許局の職員がわずか六年余りで争奪戦が起きる研究者になっていた。人生何が起きるかわからない。アインシュタインは三五歳になっていた。

ここからは、みんなご存知アインシュタイン

一九二一年のノーベル物理学賞を受賞するが、その知らせを受けたのは日本に向かう船の中だった。日本での四三日間の滞在中は仙台から福岡まで各都市を汽車で回った。アインシュタインの動静は新聞が逐一伝え、到着する駅には大群衆が待ち受けた。慶應義塾大学の講演には二〇〇〇人以上の聴衆が押し寄せ、五時間にも及ぶ「特殊および一般相対性理論について」という演題を熱心に聞いた。果たして、彼が話す内容を理解できたかは疑問だが、沸きに沸いたことだけはわかる。有料の講演会も開かれ、列島に物理学ブームを巻き起こした。

その後のこの物理学者の歩みを知る人は多いだろう。ユダヤ人という出自から一九三三年にナチス政権のドイツを逃れてアメリカ合衆国に渡り、プリンストン高等研究所で研究生活を送った。第二次大戦中はナチスの脅威に対抗するために、物理学者のシラードが米大統領に原子爆弾開発を勧める書簡を書いたが、アインシュタインも署名する。熱烈な平和主義者だったが、優れた頭脳が結果的に「悪魔の兵器」誕生を後押しした事実を戦後に悔やんだのは広く知られる。戦後は核戦争の危険性を除去するよう熱心に訴え、五五年に亡くなる。

これがアインシュタインの事典的な後半生だ。ただ、天才とはいえ完璧ではない。学者然としておらず、社交的であったアインシュタインは女性にもモテたため、家庭内には常に波風が立っていた。最初の妻とは離婚し、二人目の妻は当初は浮気を黙認していたが、次第に我慢ならなくなる。浮気相手に自宅まで迎えに来てもらうのは日常茶飯事で、米国亡命後に追いかけてきた女性もいたというから妻の怒りもわからなくもない。

学者としても私たちのイメージと違う一面がある。相対性理論が証明された一九一九年以降は「天才」が代名詞になるほどの人気を得るが、世間の評判とは裏腹に、学問の世界では当時の先端研究だった量子力学で非主流の議論を展開したことで「過去の人」になる。レジェンドではあるが先端ではない。サッカーでいえば「キングカズ」こと三浦知良的な位置づけになっていたのが実情だ。「カズさんは凄いけどさ……まだ、現役でやる?」って感じだ。

もちろん、アインシュタインの功績が科学史に残っているのは間違いない。そして、その功績は特許局に勤めながらの副業の産物であった。ただ、それは私たち後世の人間が「副業の成果」と定義づけているにすぎない。アインシュタインにしてみれば目の前の研究に没頭しただけだった。アインシュタインの言葉からもそれはわかる。

私は将来のことを決して考えない。それは間違いなくすぐに来るのだから。

ぶつくさ文句をいわずに、やりたければやる。どんな環境だろうと、自分の道を突き進む。凡人に相対性理論級の発見は不可能でも、アインシュタインの姿勢は明日からでも見習える。

手堅い
サイドビジネス

第2章

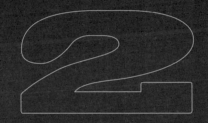

ジョージ・ワシントン

George Washington

［米国大統領］

トランプ大統領も驚きの
武勇伝が沢山

ジョージ・ワシントンといえば、誰もが知るアメリカの初代大統領だろう。ワシントンが何をしたか、彼の功績を一切知らなくても、サクラの木の逸話は耳にしたことがあるはずだ。ワシントンが六歳の頃、父親が大事にしていた木を切ってしまったというあれだ。

父親に「庭にある桜の木を切ったのは誰か」と詰問されたワシントンはたじろぎもせず「お父さん、僕は嘘をつけません。僕が嘘をつけないことはお父さんもよく分かっていますよね。私の斧で桜の木を切りました」と答える。少しは申し訳なさそうにしろよと突っ込みたくなるが、父親はワシントンの姿に感動し、「わが息子の英雄的行為は、銀を咲かせ純金を実らせるような何千本の木にも優るものだ」と褒めた。親バカか。

今では「作り話」として広く認知されているが、ワシントンが庭の桜の木を切ったのは事実ではある。一七八五年八月一八日の日記に「中庭にある二本の桜の木を切った」と記されているのだ。「えっ、桜の木の話は全くの嘘ではなかったの」と驚かれるかもしれないが、注意が必要だ。ワシントンは一七三二年生まれである。一七八五年には五三歳になっている。五三歳のおじさんが桜を切り倒しても何の教訓も生まれない。ちなみに、ワシントンの幼少期に米国に桜の木はなかった。

つくられたワシントンの逸話

サクラの木の話は、ワシントンの死後、パーソン・ウィームズという作家が書いたワシントトンの評伝のなかで紹介されている。興味深いのは初版にはこの記述はなかったことだ。ベストセラーになり、版を重ねると、五版の時に突如としてこの逸話が登場する。当時、アメリカは国として船出したばかりで、英雄が必要だった。独立戦争の立役者で初代大統領になったワシントンはまさに国民的英雄にうってつけの存在であった。

ワシントンの偉業となれば話を少しばかり「盛る」のも問われなかったのだろう。実際、サクラの木の逸話も、ワシントンの偉大さを増させるためか、進化していく。サクラの木を切り倒したのは黒人の少年だったため、黒人が切り倒したと申し出たらムチ打ちの刑にされると懸念したワシントンが身代わりになるという涙なしでは読めないストーリーもある。神様、仏様、ワシントン様の世界である。

サクラの木の逸話以外にも「そんなことありえないだろ」的なエピソードは少なくない。例えば、対岸が見えないような川の向こう岸に石を軽々投げたとか、ネイティブ・アメリカンがいくら発砲したところで全く命中しないどころか、ワシントンのすぐ近くが砲撃されて人馬が吹き飛んだのになぜかワシントンだけは無傷だったとか、ドナルド・トランプ大統領ですらドン引きするトンデモ逸話に事欠かない。

こうした数々のエピソードの力もあり、ワシントンは「建国の父」として人気が高い偉人のひとりだ。人気が高いからいまだにエピソードが力を持っているともいえるだろう。歴代の合衆国大統領の格付け調査でもエイブラハム・リンカーンやフランクリン・ルーズベルトなどと上位を常に争っている。

もちろん、ぶっ飛んだ逸話の真偽はともかく、ワシントンが優れた政治家であることは否定できない。フレンチ・インディアン戦争に従軍し、存在感を示し、独立戦争では総司令官に任命され、植民地軍を勝利に導いた。戦後は自分の所有する農園に戻ったが、憲法制定会議に出席すると、労をいとわず働き、誰もが一目置くようになる。その結果、一七八九年二月の選挙人投票で満票を得て初代大統領に選ばれる。

アメリカは独立したとはいえ、連邦の基盤は脆弱でいつ解体してもおかしくなかった。ワシントンは大統領への権力の集中を排除し、国民が力を持つべきだと唱えるなどアメリカの民主主義の基礎を築いた功績は小さくない。自ら三選目を辞退したり（これにより大統領二期八年の原則ができた）、報酬の引き上げを断ったり、「立派な政治家」のエピソードに事欠かないが、これは彼にもうひとつの顔、戻るべきところがあったことも関係しているだろう。ワシントンは大農園主だったのだ。遺言によるとその財産は三万三〇〇〇エーカー（山手線の内側の面積の約二倍）以上の農地、羊六四〇頭、牛三二〇頭、騾馬四二頭、馬二〇頭などなど。当時の資産で約五三万ドルだったという。といっても、全くもってどのくらいの規模か把握できないが、当時の政府の年間予算が約七五〇万ドルだったというから、いかに巨額だったかがわかる。今の日本ならば個人資産が一〇兆円弱ある首相みたいなものである。こうした莫大な資産があったからこそ、ワシントンは私利私欲に走らない政治手腕をふるえた面は否定できないだろう。

歴史の裏に、酒あり

とはいえ、ワシントンも人の子である。政治家としては立派なのかもしれないが、現代の感覚で捉えると、「大丈夫かよ、ワシントン」と思えるエピソードも少なくない。有名なのが酒にまつわるエピソードだ。

例えば、ワシントンは酒好きだったのだが、自分で飲むだけでは満足できなかった。独立戦争の時にも兵士に「飲め、飲め、どんどん飲め」と酒をすすめまくっている。

これは、別に「俺の酒が飲めないのか!!!」と夜な夜な兵営で絡み酒をしていたわけではない。非常に合理的な判断によるものだった。

当時は現代とは酒に対する認識が全く違う。酒は栄養であり、病気にも効くものとして、飲むことが推奨されていた。健康に悪いのではなく、むしろいいものと思われていたのだ。

そして、この頃には「酒を飲むと元気が出る。元気があれば何でもできる」という効果もあると信じられ始めていた。「何でもできる」気になるだけで、大概は悲惨な結末になることを現代の我々は知っているが、当時は酒をあおって大事をなすこともあったので、「酒は健康にも効く活力剤」となっていた。

わかりやすい例を挙げよう。一七七三年末に起きたボストン茶会事件は歴史の授業でも習ったことがあるはずだ。独立戦争が始まるきっかけになった事件で、世界史の教科書でも重大な出来事として位置づけられている。

この事件はイギリスが同年に制定した茶条例が引き金になった。この法律で植民地ではイギリスの支配する東インド会社だけが紅茶を取り扱えるようになったため、植民地の商人らの不満が爆発した。

彼らはボストン港の東インド会社の船におし入り、積み荷にあった紅茶が入った多くの木箱を海に投げ捨てる。約三時間で三四二個の茶箱を海に捨てたというから驚く。

正気の沙汰には思えぬが、実際、正気では無かった。多くの人が酒に酔っていたのだ。

当日、午後三時頃に五十数人が集まり、日没の決行を待っていた。気ははやるが、やることがない。もう、飲むしかない。ラム酒をレモン汁で割った飲み物をグビグビ飲みまくった。

シャツとズボンを脱ぎ捨てネイティブ・アメリカンの衣装をきて、顔に石炭の粉をぬりつけ、いざ出陣。港につくまでに他のメンバーも合流し、ノリは最高潮に。「おおおお、イギリスのクソ野郎め、目に物みせてやる。なにが茶条例だ、ふざけるな」といったかどうかは知らないが、港に停泊していた貨物船三隻に乗り込むと、単純計算で一分間に二個近い茶箱を海に投げ捨てた。アルコールパワー、すさまじい。

ただ現場は大混乱だった。なぜなら、飲み過ぎたせいで足下がふらついて倒れる者や気持ちが悪くなって吐く者がいたからだ。

ボストン茶会事件は歴史の教科書では意識高い植民地の人たちが声をあげた出来事として描かれている。だが、その実態は酔いどれのネイティブ・アメリカン姿の泥酔野郎たちが茶箱を海にふらつきながら投げ捨てるというYouTuberさながらの振る舞いだったのだ。

ワシントンが信じた、酒の効用

この後、各地で似たような抗議デモが起こるが、人々は病気の治療や食事ではない酒の効果を実感し始める。「酒を飲めば何でもできる」。前述したように、そんな効果はないのだが、そう思い込み始める。そして、ワシントンもイギリスとの戦争を控え、酒の効果を強く意識し始め、ある行動に出る。

一戦交える前に景気づけに飲むことを奨励し、議会に「適度な飲酒による利点は、古代に戦った陸軍の全てに知られた。これは、反論の余地もない真実である」と手紙を送った。酒の力をいかに信じていたかがわかる。

ワシントンが凄いのは単に酒を啓蒙していただけではない点だ。独立戦争時は兵士に酒を絶えず供給する体制まで整えようとした。言いっぱなしではなく、それを実行できる仕組みまで考える。政治家の鏡ではないか。「酒を兵士にたらふく飲ませる」という目的が正しいかどうかはわからないが。

具体的には、各地に蒸留所をつくろうと検討した。そして、経営を州政府に任せることで、植民地全体の経済がおかしくなっても地域ごとに酒を供給しつづけられると考えた。この案は実現しなかったが、「酒が兵士に勇敢さをもたらす」と真面目にワシントンが判断していたことがわかる。二一世紀に生きる私たちは、この現象を「勇敢になっているのではなく。判断力を失って、気が大きくなっているだけ」と見なしているが。

司令部が酒を飲ませまくったからではないだろうが、植民地軍は勝利し、ワシントンは初代大統領に就任する。二期八年の任期後に三度目の出馬は固辞し、ワシントン郊外の地元に戻る。大地主として余生を過ごすと思いきや、ここにきてワシントンは蒸留所経営に乗り出す。結局、酒かよ。

こうなると、首をひねりたくなる人もいるだろう。ワシントンの思想に疑念を抱く人がいるはずだ。「酒が健康に良いからでも、兵士の激励効果があるからでもなく、ただただ自分が飲みたいだけだろ」と。

実は堅実だった酒事業

確かに、ワシントンは酒が好きそうなエピソードが少なくない。一七五八年にバージニア植民地議会に立候補した際は、選挙資金全額をアルコールに投資する。有権者の支持を獲得し投票を促すために、六〇〇リットル以上の酒をふるまったのだ。現代とは酒が置かれている立場が違うとはいえ、やり過ぎな感は否めず、「やっぱり自分が飲みたいだけだろ」と、突っ込まざるを得ない。

実際、ワシントンは選挙と関係なくても、酒を振る舞うのが好きだった。高級ワインをカネに糸目をつけずに買い求めていたし、引退前から農園ではビールやリンゴ酒を醸造していた。酒造りの副業だけでも日本円にして年数百万円の収入を得ていたとの話もある。

蒸留所もそうした趣味の一環に映りそうだが、趣味の範疇をこえている。ワシントンの蒸留所は当時、アメリカでも最大級だったからだ。設立の経緯を辿ると、「ウイスキー飲みてー」といった酔いどれの趣味ではなく、実業家としての合理的な判断で始めたものであることがわかる。

ワシントンは大統領を退任する一七九七年に自身の農園の管理者としてスコットランド移民を雇っている。当時、農園の作物をタバコからトウモロコシやライ麦などに転換したばかりで、それを見た管理者が収穫物を使って、コーンウイスキーを生産すればどうだろうかと、ワシントンに蒸留所建設を勧めた。

蒸留所が完成したのは一七九八年春。トウモロコシを製粉し、発酵させ、蒸留器でアルコール濃度を高めた。コーンウイスキーのほかに、フルーツブランデーも製造していた。蒸留所の生産量は年一万一〇〇〇ガロン（約四万二〇〇〇リットル）で当時、国内有数の規模だったが、ワシントンの死後、焼失してしまった。

カネで身を滅ぼした大統領たち

米国の大統領と聞くと、引退後は自伝の刊行や講演で左うちわの生活を想像しがちだが、初期の大統領たちに限ると職を退いた後に安定した生活を送った者は多くない。大統領時代の無計画なカネ使いが老後に重くのしかかって、金欠になってしまっているのだ。

というのも、建国初期の政治家は持ち出しが多かったからだ。大統領の場合、大統領官邸に関わる経費、個人秘書の人件費などは全て自分で負担しなければならなかった。裕福な地主のワシントンでさえ、大統領時代は現金のやり繰りに頭を悩ますこともあったほどだ。

初期大統領のなかで、金策に追われた晩年を過ごしたのは、第三代大統領のトマス・ジェファソンだ。彼は公費を自分で立て替えるのに加え、人々をホワイトハウスで盛んにもてなしていたため二期八年の退任時には二万ドルの負債があった。

大統領の年俸はワシントンの頃から二万五〇〇〇ドルに決められていた。七面鳥一羽が七五セントの時代だから決して安くはないが全ての公費を賄うとなれば高くもないだろう。

年俸の決定までには紆余曲折があった。「無給にすべきだ」という議論と「経費だけ支給すべきだ」という議論があった。ただ、「経費だけを支給すべき」と訴えたワシントンが独立戦争の時に経費と称して膨大な額を請求したため、それに懲りた連邦議会は、「報酬を支払うからそれで全て賄ってくれ」という方式に決着した。

ジェファソンも地主なので決して貧しくはないがあまりにも使いすぎた。ワインに目がなく、在任八年でワインのつけだけで一万一〇〇〇ドルになったという。食べ物にもカネを惜しまなかった。一日当たりの食費は五〇ドル程度だったというから単純計算すると年俸の七割以上を占める。驚きのエンゲル係数である。アメリカ政治史上最も優秀な頭脳を持つとも言われるジェファソンだが明らかに単純な計算ができていない。

大統領退任後、おとなしく暮らして借金を返せばいいのに、むしろ借金は膨らむ。前大統領だけあり、自宅への来訪者が後をたたず、ジェファソンは歓待しつづける。約六〇〇〇冊の蔵書を売るなどして、金策に走るが、最晩年には借金は一〇万ドルをこえる。自宅や所有地を売ろうにも買い手がつかず、破産目前で死んだ。

第五代大統領のジェームズ・モンローも引退後は悲惨だ。欧州の問題に一切関わらない外交方針「モンロー主義」を打ち出したことでも知られるが、自身の晩年も孤立したものだったから皮肉だ。

モンローの場合、ジェファソンのようにワインをガバガバ飲んだわけではなく、公務での支出が膨らんだ。駐英公使を四年務めるなど国外勤務もあり、大統領就任前から所有する土地を処分するなど資金繰りに窮していた。真面目に働いていたら、借金だらけ。完全にブラック職場である。

一八二五年三月に大統領を退任した時の借金は七万ドルを超えていた。大統領の年俸の約三倍だ。

万策尽きたモンローは議会にこれまで自腹で頑張ってきたから、いくらか払い戻してくれと泣きつく。地元のバージニア州アルベマールの人々も同情して、「モンローは公職に就く前は裕福でしたが、みるみるみすぼらしくなっていきました」と陳情書を送るのに協力する。ブラック企業に対する損害賠償だ。

議会では当初、七万ドルを支払うという案もあったが、「高すぎるだろ」と、もめにもめた末に三万ドルを支払うことが決まるも、焼け石に水。モンローは結局、自宅を売り払い、雀の涙ほどのカネを受け取り、娘の家に身を寄せることになる。

第四代のジェームズ・マディソン大統領も本人の死後、息子が浪費に浪費を重ねて、未亡人が自宅を売り払っても路頭に迷いかねない状態に陥った。そこで議会が大統領の遺した文書を買い上げる救済策を講じるが、そのカネもドラ息子が使い果たしたので、文書をさらに買い取るという冗談のようなエピソードもある。

政治にはいつの時代もカネがかかるし、貧すれば鈍するのも古今東西変わらない。大義を果たすためにもカネは必要だし、それをどう生み出すかまで考えなければいけない。資産をくいつぶすのか、有効活用するのか。米国の初期大統領たちの老後の明暗は令和の日本の庶民にも参考になるはずだ。

力道山

屈強な体を資本に、
手広くビジネス展開

Rikidozan

［プロレスラー・力士］

港区赤坂と聞くとセレブでオシャレなイメージを抱くかもしれないが、大通りを一本外れると古い民家や商店も珍しくない。大使館が点在する赤坂七丁目も例外ではなく、稲荷坂をのぼるとアルファベットの「R」の文字がいくつも配されたレトロな建物が目に入る。

インターネットの物件情報によると、東京オリンピックの前年の昭和三八年（一九六三年）に建てられている。当時としてはかなり高級な建物だっただろう。八階建ての全四六戸で、この原稿を書いている時には二階の一室（2LDKの六八・二四平方メートル）が売りに出ていたが、六四九九万円。赤坂にしては安いが、築六〇年超であることを考えるとなかなか手は出ない。いずれにせよ庶民にとっては高嶺の花だ。

この建物に「R」のロゴが目立つのはマンション名の頭文字だ。赤坂リキマンション。勘の良い人はわかったかもしれないが、プロレスラーの力道山が企画開発した建物だ。リキマンションの隣にはかつてリキ・アパートメントという集合住宅もあった。ここの八階に力道山は居を構えていた。半世紀以上前だが、そこには専用エレベータやホームバー、パーティー用の大広間、横幅二メートルの熱帯魚用の水槽、庭のプールなどが備えられていた。力道山といっても今では相撲出身のレスラー、空手チョップの人、アントニオ猪木の師匠くらいのイメージかもしれないが、いかに時代の寵児だったかがわかるだろう。

プロレスで発揮した、興業の才

「戦後最大のヒーロー」「プロレスの神様」「日本プロレス界の父」……。力道山を形容する言葉は尽きない。大正一三年（一九二四年）、朝鮮で生まれる。本名は金信洛、創氏改名で金村光浩となる。現代においては、もはや自明だが、出自が朝鮮である事はメディアにおいては当時最大のタブーであった。

一三歳の時に朝鮮相撲の大会に出場し、三位となる。一五歳で二所ノ関部屋に入門するや、破竹の勢いで勝ち続ける。序ノ口からわずか九場所で十両に。とんとん拍子に番付を上げ、二四歳で関脇まで昇格。大関も視野に入れた場所前に体調を崩す。

咳、痰、そして吐き気がおさまらず、体重が二〇キロも減少。場所前に川ガニを食べたのが原因で肺ジストマになり、復活は絶望的とみられた。自宅を売るなどして、治療費を捻出し、その後復調するものの、出自の問題もあってか冷遇されたため、自ら廃業を決める。

その後、たまたま来日中のプロレスラーと酒場で知り合い、プロレスに興味を持つ。アメリカに武者修行に旅立ち、三〇〇試合をこなし、帰国するが、力道山が単なるレスラーでなかったのはこのとき全米最大規模のプロレス団体（NWA）のプロモート権を引っ提げてきたことである。これにより力道山は敗戦国日本のレスラーがアメリカの世界チャンピオンの大男をなぎ倒すというシナリオを描き、日本に空前のプロレスブームを巻き起こす。本人はこう振り返っている。

「日本人は肩書きに弱いからな、世界チャンピオンと聞いただけで無批判にあこがれちゃうんだ。おまけに、相手は鬼畜米英を絵に描いたようなアメリカの大男だ。だから、あのとき、日本での第一戦によぶのは絶対にあの二人じゃなくちゃダメだったんだ。そのためにワシはファイトマネーもやつらがアメリカの本場で稼ぐ三倍も出したんだ。あとは賭けだ。根性だ。しかし毎日新聞が後援してくれることが決まって、テレビとの提携ができてからは、もう何も心配はしなかった。これで当たらなきゃおかしいと思ったからな――（後略）」

〔『力道山をめぐる体験　プロレスから見るメディアと社会』小林正幸、風塵社〕

夢のプロレス複合ビル

力道山はレスラーである以前にビジネスマンだった。こうしたビジネスの才覚はプロレス以外でも発揮された。

昭和三六年（一九六一年）年七月には渋谷の道玄坂に「リキ・スポーツ・パレス」が完成する。力道山は常々、「プロレスにも相撲の国技館のような常設会場が欲しい」と考えており、当時の金額で一五億円をかき集め、夢の実現に動いた。これ、今ならば、約六〇億円の投資だ。プロレスの常設会場にとどまらず、プロレス引退後を見据えた一手でもあった。

地上9階地下1階のビルで、1階はボウリング場、スナックバー、2階はスチームバス、レストラン、喫茶店、ボクシングとレスリングのジム、3階から5階が円型の体育館でプロレス常設会場、6、7階は女子ボディビルジムといったスポーツ多目的ビルである。4階には社長室があり、当然そこにいるのは、力道山である。

今でこそこうしたビルはめずらしくないが、東京オリンピックが行われる3年も前の話である。力道山の発想がどれほど日本人ばなれしていたかが窺える。

『世界大富豪列伝 20-21世紀篇』福田和也、草思社

確かに現代の感覚からするとよくある複合施設ビルだが、当時としては先端だった。そして、リキ・スポーツ・パレスはビジネスモデルが考え抜かれていた。単なる寄せ集めの複合施設ではなかった。

例えば当時、ボウリング場は都内にはまだ珍しかったため何もしなくても客が来た。ボウリングを楽しんでお腹が減れば、何か食べたくなり施設内のレストランや喫茶店を利用する。そこには力道山や彼の知り合いの有名人がいる。「えっ、あれ力道山じゃん!」となる。有名人が利用するレストランとなれば、ボウリングと関係なく、それを目当てに訪れる客もでてくる。当時は当たり前だが、YouTuberなどいない時代だ。有名人と一般人の間には大きな壁が

あっただけに、これはかなり大きなインパクトがあった。「有名人を見られるかも」と、人が人を呼び、リキ・スポーツ・パレスは「イケてる場所」になったのだ。実際、落成式には当時大スターだった美空ひばり、江利チエミ、雪村いづみがショーに出演している。

ところが、一寸先は闇といったものだ。力道山はリキ・スポーツ・パレスが完成した二年後に急死する。飲み屋でヤクザと喧嘩になり、ナイフで刺される。傷自体は大したことなく、全治二週間程度と見られていたが、事件から一週間後に永眠する。関係者によると、死因は医療ミスともいわれているが定かではない。

死後、泡沫と化した事業群

力道山はパレス以外にも不動産事業や観光事業などを手広く手掛け、五つの会社でリキグループを形成していた。アパートやマンションなど不動産事業を中心に全体を束ねるリキエンタープライズ、プロレス興行の日本プロレス興業、パレスを運営するリキスポーツ、ボクシングジムを経営するリキボクシングクラブ、そして相模湖畔のレジャーランド建設のためにつくられたリキ観光開発だ。

華やかな企業グループにも映るが、内情は自転車操業だった。力道山のビジネスは良くも悪くも力道山あってのビジネスで、力道山がリングに立たなければ回らなかった。当然、力道山が死んだことで全ての事業が急ブレーキを踏むことになる。一番の問題はレジャーランド開発で総工費は約一七億円と巨額だったが、土地の造成すらままならなかった。

パレスを担保に借り入れで回したが、資金繰りは厳しくなる一方だった。パレスのレストランは「力道山がいる」、「力道山の知り合いの有名人がくる」ことに価値があったわけで、亡くなれば有名人の客足は遠のく。有名人がこなくなれば一般人もこなくなる。飲食店の、人が人を呼ぶ勢いはすごいが、いなくなるときはもっとはやい。

ボウリング場も力道山の死後、競合が雨後の筍のようにでき、パレスは設備が古いこともあり次第に見向きもされなくなった。日銭が稼げなくなれば、途端に台所事情は厳しくなる。

借り入れをさらに増やしてどうにかしようとしても金利が重くのしかかる。「これはたまらん」と力道山の死から三年後にリキ・スポーツ・パレスは債権者の西山興業に譲渡される。

西山興業はニシノフラワー、セイウンスカイなど競走馬の生産者・馬主として知られるが当時は高利貸しが主業だった。同社もパレスを近畿観光に売却し、近畿観光はキャバレーに業態転換するも、立地条件なども悪く流行らなかった。サウナや吹き抜けの構造があだとなり、使い勝手が悪いこともあり、結局、バブル崩壊後に建物は取り壊されている。

残された人たちによって死後に意外にも真っ先に見切りをつけられたのが、稼ぎ頭で中核であるはずのプロレス事業だった。プロレス事業はグループを統括するリキ・エンタープライズの傘下にあったのだが分離している。当時の関係者は「日プロやリキ・ボクシングジムからも道場、ホールの使用料を取っていた。他人と一緒の扱いになった。プロレスはお荷物に見えたらしい。力道山が亡くなった時、当時は一番目に潰れるのはプロレスだとみんなが思っていたんだ」と振り返っている。「馬鹿じゃねーの、ビジネスセンスなさすぎ」と突っ込みたくなるかもしれないが、当時は力道山といえばプロレスであり、プロレスといえば力道山だった。プロレスの象徴ともいえる力道山がいなくなればプロレスは廃れると考えるのは決しておかしくない。実際、力道山が亡くなった直後はファンが一気に離れた。ただ、その後のプロレスブームは周知のとおりだろう。なお、プロレス事業の切り離しは、当時の主力選手たちによる造反という見方が今では支配的だ（稼いでもリゾート開発に資金が吸収されてしまうことを嫌った）。

嗅覚に優れたビジネスマンだった

力道山は常識にとらわれず、時代を先取りして新しいことを試し続けた。プロレスラーである前に優秀なビジネスマンであり、プロレスは彼の肉体という優位性を生かしたひとつのビジネスに過ぎなかった。あの時代にサプリメント事業を手掛けるなど、次に吹く風を確実に読んでいた。渋谷に一〇〇〇坪の土地を購入していたが、そこにはスーパーマーケットをつくり、チェーンストアとして展開する構想もあった。

もし、力道山が生きていたら日本のプロレスはどうなっていたかという議論はいまだにあるが、もし力道山が生きていたらどんな事業を手がけたのか。プロレスラーとしてではなく、実業家として名を残したのではという気がしてやまない。

昭和の球界スターたちの副業事情

江藤慎一
Shinichi Eto

板東英二
Eiji Bando

桑田真澄
Masumi Kuwata

【野球選手】

野球選手は孤独だ。華やかな世界に映るが、何の保障もない。投げられなくなったら、打てなくなったら、怪我をしたらおしまいだ。ごまかしがきかない。

彼ら自身がその厳しさを一番自覚している。だからこそ、現役時代から引退後を見据えてサイドビジネスに手を出す者も少なくない。

「投げる不動産屋」と呼ばれた桑田

一九八〇年代、球界を代表した江川卓（当時巨人）は「財テクは趣味」と公言していたし、三冠王を三度獲得した落合博満（当時ロッテ）も多くの不動産を所有していた。

彼らの全盛期は日本経済が膨張を続けた時期と重なる。バブルの絶頂期だ。何者でもない会社員ですら、銀行は頼めば融資してくれた。有名野球選手となれば、なおさらだ。

「投げる不動産屋」とバブル期に陰で呼ばれるまでに不動産投資の副業にはまったのが巨人のエース・桑田真澄だ。ＰＬ学園高校時代は清原和博とのＫＫコンビで日本中の話題を独占し、プロ入り後も二年目の昭和六二年（一九八七年）に沢村賞を受賞。登板日漏洩疑惑などダーティーな一面はあったものの、昭和六二～平成二年（八七～九〇年）まで四年連続で二桁勝利を上げ、球界のエースへの階段を順調に上っていた。

それだけに、平成三年（九一年）二月の春季キャンプでの「電撃発表」は衝撃をもって受け止められた。桑田の「破産」が球団幹部から報道陣との懇談の席で発表されたのだ。
借金の総額は一三億円。首都圏でマンション、アパートなど十一件を購入。買い求めた時期がバブル経済全盛の平成元年（八九年）一月から平成二年（九〇年）四月であったために、バブルの崩壊で不動産を手放そうにも、買値では売却できなかった。とはいえ、借金は金利だけで年九〇〇〇万円。土地を売却しなければ、推定年俸七六〇〇万円の桑田が金利の支払いさえ不可能なのは小学生でもわかる。

身動きできなくなった桑田は結局、球団主導で、一年前に購入していた横浜の港北ニュータウンはずれの高級住宅街にあった「七億円豪邸」など本人名義の自宅など五件の不動産、愛車のＢＭＷとクラウンを借金のカタに売却した。それでも三億円の借金が残ったという。当時の報道では、巨人の武石啓之介代表補佐は「自宅だけはどうしても手放したくないということだったが、借金の実態はそれを許さなかった」と語っている。

この自宅は相当なこだわりがあったようで、平成三年（九一年）二月二二日付の西日本新聞夕刊は下記のように報じている。

桑田投手の最大の財産は、昨年三月に購入した横浜市緑区仲町台四丁目の自宅だった。もちろん、自宅といっても並のサラリーマンの「うさぎ小屋」とは雲泥の差がある。港北ニュータウンはずれの高級住宅街。第三京浜の港北インターから車で五分という抜群の立

地条件だ。

土地は一九〇坪（六二七平方メートル）。そこに延べ百坪の住宅が建つ。

桑田投手が「外国風の家にあこがれていたから各部屋を広くした」と誇るように鉄筋二階建て四部屋だが、一部屋はすべて三〇畳以上。「観音開きの重厚なドア、三角屋根、明かり採りの窓と、教会のイメージでまとめてある」という。家具も好みに合わせてヨーロッパ直輸入の北欧風。四台の防犯カメラが絶えず庭や玄関を監視しデジタル式オートロック、防犯センサーなど防犯面も完ぺきなのだ。

アパートに生まれ育った桑田投手だけに「東京に出てきたときから一戸建てに住むのが夢だった」が口ぐせだった。三〇年ローンとはいえ、夢を果たし、母親と弟と一緒に住み込む七億円豪邸に「一生かかっても自分のものにしたい。そのためにも勝たないとネ」と話したこともあった。


「勝たないとネ」など突っ込みどころ満載というか、時代性を感じる。間取りの詳細まで垂れ流しにされ、プライバシーへの配慮が一ミリも感じられない内容に驚かざるをえない。住宅情報雑誌のインタビューでも、週刊誌やワイドショーでもなく、一般紙の記事でこれだ。

さらに、驚くべきなのは当時の桑田の年齢だ。二一歳。バブルの狂気が世間を狂わせたといえばそれまでだが、高卒数年の者が不動産の運用会社を設立し、一三億円の資産(借金)があるのは異常だ。それがあの時代といえばそれまでだが。

桑田は借金騒動で開幕を迎えた平成三年(九一年)シーズンこそ一六勝を上げるなど各種指標でチームの投手内ではトップとなる成績を残すが、平成四、五年(九二、九三年)は二年連続して勝利数より負け数が上回る。投手桑田の限界説が囁かれ始めるが、平成六年(九四年)に大車輪の活躍を見せ、シーズンMVPに輝く。最高視聴率六七%を記録した「10・8決戦」(日本プロ野球史上初めて「リーグ戦最終戦時の勝率が同率首位で並んだチーム同士の直接対決」という優勝決定戦)でも七回から登板し、胴上げ投手になっている。

桑田は孤高の雰囲気もあってか、実力の割に人気が低い選手だった。

それが、怪我や力の衰えなどで成績が振るわなくなるにつれ、生き様が共感を呼び始める。巨人に見限られてからも、渡米し三九歳でメジャーに挑戦する。みっともなさと紙一重の執着を見せ、マイナーリーグでもがきながら、野球を続けた。

一匹狼でとっつきにくそうなイメージを抱いていたファンもようやく気づいた。「桑田は野球が好きなだけだったんだ」。晩年に風貌も一変し、ファンが離れた清原とは対照的に好感度が上がった。今や「投げる不動産屋」の異名は過去のものになっている。

過労で倒れるほどビジネスに邁進した板東英二

不動産や株などの投資や飲食店経営が野球選手の副業の王道だが、実業を幅広く展開した者もいる。

昭和三三年（一九五八年）夏、甲子園に今なお燦然と輝く記録が生まれた。一大会で奪った三振の数は八三。この記録を残した投手が後にバラエティー番組や映画で活躍するとは誰も思わなかっただろう。

甲子園史に残る大記録を残した板東英二は中日ドラゴンズに鳴り物入りで入団するが「プロで通用するか自分でも疑問だった」と各種インタビューで答えている。「プロで通用しないかも」はオープン戦で南海のエースであった杉浦忠の球を見て、「絶対に通用しない」の確信に変わる。

体が小さいというハンデがあるうえに、杉浦のあの球だ。あんな球、今後どんなに練習を積んだところで投げられるはずがない。『野球だけじゃとても一生、食っていかれん。なにか別の道を見つけないとあかん』私は固く固く決心した。『二足のワラジ』を履く決心である。

［『赤い手　運命の岐路』板東英二、青山出版社］

いつクビになってもいいように、1年目のオフからいろんな商売に手を出してました。中古のジュークボックスの販売、牛乳屋……。オフにマッサージの資格を取って、マッサージ屋もやってました。そのうち、4階建てのビルを買い取って、サウナやナイトクラブも始めたもんだから、もう大忙し。とうとう過労でぶっ倒れました。

〔『週刊朝日』二〇一九年五月一〇日号〕

野球ではなく副業で倒れるのも凄いが、後の板東の成功をみれば、先見の明があったといわざるを得ない。野球よりも事業を重視する姿勢は徹底していて、「自社ビルが落成したときに仮病を使って球場に行かずにビルで来賓を迎えていた」とネタのように語られているが、事実である。

プロ野球の成績は、実働一一年で通算七七勝。立派な成績だが、昭和三四年（五九年）の入団時の契約金二〇〇〇万円を考えると「本業に打ち込めばもう少し勝てたのでは」と誰もが思う。かけそばが三五円、大卒公務員の初任給が一万二〇〇〇円の時代の二〇〇〇万円である。

引退後は事業と野球解説をしながら、昭和五四年（七九年）に本格的に芸能界デビュー。天性の話術を生かしたバラエティーだけでなく、ドラマ『金曜日の妻たちへ』シリーズでは俳優としても高い評価を受けた。平成元年（八九年）には高倉健と競演した映画『あ・うん』で日本アカデミー賞最優秀助演男優賞まで受賞する。

副業に野球人生を狂わされた江藤慎一

板東と同年に中日に入団した江藤慎一の副業は野球人生すらも変えてしまったから穏やかではない。

江藤は板東に比べると野球ファン以外への知名度は劣るが球史に残る名選手だ。中日でも後に移籍するロッテでも首位打者になり、史上初の両リーグでの首位打者となった。これは平成二三年（二〇一一年）に内川聖一が達成するまで江藤のみの記録だった。

「闘将」のニックネームの通り、闘志を前面に出したプレースタイルそのままに、審判を蹴って退場処分を受けたこともあったが、内面は繊細で誠実。野球選手に欠落しがちな社会常識も持ち合わせ、選手のみならず裏方にも慕われた。それにもかかわらず、印象が薄いのは江藤がチームを追われる形で昭和四四年（一九六九年）のシーズンオフにトレードに出されたことが影響しているだろう。そして、その一因となったのが副業だ。

江藤は昭和四一年（六六年）に「江藤自動車株式会社」を設立する。自動車修理工場であるが、将来的にはモーテルにする計画もあったようだ。その頃、昭和三九、四〇年（六四、六五年）と二年連続して首位打者に輝き、野球選手として絶頂期にあったが本人の意識は違った。

「ワシはいつまでも野球ができるとは思わない。だから野球選手をやめたときに、すぐメシが食えないようじゃいかん。そう考えてこの会社を作った」と当時語っている。

三〇人ほどの従業員を抱えるまでに拡大するが、野球選手との二足のわらじは簡単ではない。不動産投資の失敗もあり、昭和四五年（七〇年）に倒産する。借金取りが球場に出入りしていたとの報道もまことしやかに流れた。

経営が傾き始めた昭和四四年（六九年）、本業も狂い出す。中日の監督に就任した水原茂との確執が表面化する。水原は優勝九回、日本シリーズを五回制覇した戦後を代表する名将だ。

きっかけはオールスター中の水原の不在だった。後半戦に向けて一致団結しようとする中、チームを離れて解説の仕事を入れた水原を江藤は公然と批判し、江藤と水原の対立は球界で知らぬ者はいなくなった。

結果、同年のシーズンオフに水原の構想外になり、解雇される。焦った江藤はかねてから問題視されていた副業から身を引き、野球に専念する意向を示すなどなりふりかまわず残留を訴えたが叶わなかった。板東のように「むしろ野球が副業」のような割り切りはなかった。本業が大事ならば本業の結果だけでなく、人間関係にも目配りしないと窮地に追い込まれる一例だろう。

江藤はチームの顔だっただけに、「まさか自分がクビになるわけがない」との思いがあった。だが、水原は中部財界が三顧の礼で招いた戦後を代表する名将だ。最後は体裁を整え、ロッテとのトレードの形になったが、相手は前年に三勝しかしていない川畑和人。放逐ありきのトレードだったのは明らかだった。

江藤は移籍先のロッテでは昭和四六年（七一年）に首位打者になるがその年に大洋に放出される。昭和四七年（七二年）三月には名古屋地方裁判所から「破産宣告」を受ける。自動車会社経営時代につくった個人の借金が重くのしかかった。これは移動制限つきの宣告だった。江藤はそのままでは試合に出られなくなるため、本人の申し立てで全出場を裁判所が許可する事態となった。

昭和五一年（七六年）にユニフォームを脱ぎ、その後はアマチュアの育成に力を注いだ。昭和六〇年（八五年）に江藤野球塾を開校、平成六、九年（九四、九七年）にはヤオハンを率いて都市対抗野球に出場した。平成一三年（二〇〇一年）には自由連合から比例代表で参院選に立候補するも落選した。平成一五年（〇三年）に脳梗塞で倒れ、平成二〇年（〇八年）に死去した。

二〇〇〇本安打を達成しながら、ベテラン野球記者が投票で選ぶ「野球殿堂」入りできなかったのも、功績が風化しているのも水原との一件にみられるように、直言が多く敵が多い性格が災いしたと指摘する人も少なくない。

野球以外ではうまくいったとはいえない人生だったとの評もある。副業が江藤の人生を狂わせた面もあるだろう。昭和五〇年（七五年）に刊行した著書『闘将火と燃えて』（鷹書房）には波乱続きの半生をこう書いている。「転んだ時が起きる時」。まさに有言実行で、その後も転んでも起き続けた人生であった。

金田正一

徹底した
健康志向と野心を
サイドビジネスに応用

Masaichi Kaneda

【野球選手】

先に紹介した江藤慎一がロッテを去ってから二年後にロッテ監督になるのが「日本の野球史上最強の投手」ともいわれている「カネヤン」こと金田正一だ。この監督就任に際しては「アクが強いカネヤンに監督が務まるのか」と球界内外の耳目を集めた。

金田の現役時代の実績は文句の付けどころがない。実働二〇年で九四四試合に登板、五五二六・二回を投げ、四〇〇勝二九八敗、防御率二・三四。自ら「球速一八〇キロは出ていた」と語る剛速球と縦に大きく割れるカーブで奪った三振は四四九〇。投球回数、勝ち数、負け数、奪三振数、いずれも歴代一位だ。

若い人には、日曜朝のテレビ番組「サンデーモーニング」にたまに出演して「ハリさん」こと張本勲と一緒に「『喝！』」と現役選手のプレーに対して叫んでいた人」くらいの印象しかないかもしれないが凄い人だったのだ。

監督として上々の滑り出し、も……

金田がプロ入りから一五年在籍した国鉄スワローズはそのうち一四年がBクラス。弱小チームにいながら、入団二年目から一四年連続で「シーズン二〇勝・三〇〇投球回、二〇〇奪三振」の不滅の記録も打ち立てている。

「名選手、名監督になれず」とは昔からいったものだが、金田は違った。いや、正確には当初は違った。

昭和四七年(一九七二年)のシーズンオフにロッテの重光武雄オーナーに請われ、監督に就任。スター意識丸出しの天才投手の金田に監督稼業が務まるか不安視する声も当然あった。ところが、そうした懸念を打ち消すように、一年目の昭和四八年(七三年)は前、後期とも僅差の二位(この年から、パ・リーグは二シーズン制とプレーオフ制度を導入していた。一年を六五試合ずつの前期・後期に分け、それぞれの優勝チームがプレーオフで年度優勝を争うという形式。人気低迷からの起爆剤の狙いで昭和五八年(八三年)まで継続)。現役時代に「天皇」とまで呼ばれた唯我独尊の指揮官のタレント性が話題を呼び、ロッテの観客動員数は昭和四七年(七二年)の三一万人から、一挙に三倍の九五万人に跳ね上がった。

翌昭和四九年(七四年)は後期で優勝を飾り、プレーオフで阪急をストレートで撃破した。勢いそのままに日本シリーズでも中日を破り、監督就任二年目にして日本一の座についた。

重光オーナーに「ロッテは金田であって、ロッテ球団がある限り、金田体制でいく」とまでいわしめ、事実上の永久政権の手形を手に入れた。

今、振り返るとここがカネヤンの監督としてのハイライトだった。翌シーズン以降、日本一どころかパ・リーグでも優勝することなく、ファンの強力なキャラクターへの慣れもあってか客足も伸び悩んだ。永久政権だったはずの金田体制はわずか六年で幕を閉じた。平成二、三年(九〇、九一年)もロッテ監督に復帰したが五位、六位に終わっている。

ワンマン監督ぶりは成績が振るわないとケチがつくのは今も昔も変わらない。

カネ儲けに邁進

金田批判の声にはワンマンぶり以外に、社長業が忙しすぎて野球に打ち込んでいないというものがあった。

確かに当時の報道を見る限り、とてもシーズンを戦うプロ野球の監督とは思えない。

> ロッテ監督の他に「金田企画」、「エースメイルオーダー」「プロダクション34」「サウナ34」それに地元の名古屋ではレジャー関係の仕事もあり、さらに今年の3月には渋谷に「34ステーキ・チェーン」の1号店を開店予定と、監督業の他に七つもの社長の肩書きを持っているのだから忙しいのももっともだ。
>
> 〔『週刊ベースボール』一九七七年一月二四日号〕

> シーズンオフの秋季練習には外車コンチネンタルで、たまに顔を見せる程度、シーズン中も社長業、タレント業に追われ、試合開始直前に球場入りというケースも珍しくはなかった。
>
> 〔同前〕

今ならば巨人の阿部慎之助監督が七つの会社の社長でありながら、ペナントレースを戦っているようなものだ。もはやどちらが正業なのかわからない。

野球以外の仕事に追われ、練習も見ずに試合に臨む。こうした姿勢ならば、成績が振るわなければマスコミの格好の餌食になるのは火を見るよりも明らかだが、金田は全く気にしていなかったようだ。

「ワシは野球とカネもうけの情熱だけは人一倍強いんや。あんたら人生の先が読めんか？　ワシもこれに気がつくのが遅かった。もう少し早ければよかったのに、と後悔しているんや。そうすればいまごろデンとした椅子に座ってふんぞり返っているところや」（同前）と言ってはばからない。

ケタ違いのカネダ式健康志向

馬耳東風、金田の耳にマスコミだ。そんな金田だが、監督としても野球界にもたらした功績は大きい。

現代では当たり前になっている選手の健康管理を徹底したのだ。金田政権下で投手として活躍した八木沢荘六はこう振り返っている。

キャンプ中の食事がガラリと変わりました。和洋中と何でもそろい、豪華になりました。

その話が他球団にも伝わり、今ではどの球団も食事には力を入れていると思います。
あとたばこはダメ、冷房もダメ、試合の飲み物は冷たいものは禁止で温かい水やお茶を飲んでいました。体力を消耗するものはやってはいけない。

〔『日刊スポーツ』電子版二〇一九年一〇月六日配信〕

遠征先の宿舎に着いた途端、「ダメだ。選手のためにもっと良い宿舎に替えろ！」とマネジャーを一喝し、本当に替えさせたこともあったという。

ワシにいわせれば、プロ野球の選手はみんなケチだ。一般の社会からみると、はるかに給与水準が高いのに、少しも野球のために金を使おうとしない。（中略）ワシがいいたいのは、体力の維持や食いものにもっと金をかけろということ。いいプレーを客に見てもらうためには、いいコンディションでなければならない。そのための金を惜しみなく使えということなのだ。

〔『さよならギッチョ　やったるで！20年』金田正一、報知新聞社〕

驚くのは金田がこのような意識を、現役時代から徹底していた点にある。そして、それが監督としての采配に生きただけでなく、野球以外での商売につながっている。

金田が活躍した一九五〇年代は野球選手の「飲む」、「打つ」、「買う」は当たり前。二日酔いで熟柿臭さを隠そうともせずに、球場入りする選手も少なくなかった。

当然、体のアフターケアなんて概念もほとんどなかったが、金田はカネを惜しみなく使い、専属トレーナーまで雇っていた。もちろん、球界広しといえどそんな「変人」はどこにもいない。巨人移籍時に長嶋茂雄の体の硬さに驚き、「そんな体でよう野球やっておるな」とトレーナーを貸し出したら、凝り性の長嶋が体のケアに目覚め、金田のトレーナーを手放さなくなってしまい、金田が体の手入れに困ったというエピソードも残っている。

トレーナーだけでなく、自家用車の運転手も雇った。車の運転はけがや精神的な疲労につながるからだ。

商売道具の肩を冷やさないために、現役生活二〇年間を通して真夏でもセーターを脱がなかった。寝るときにも利き腕の「黄金の左腕」を下にすることはなかった。「ワシはオンナに腕枕をするときも左腕を絶対に使わなかったし、常に登板日も意識していた。一流選手には夜もローテーションがあるんじゃ」と謎のプロ魂を見せ続けた。

当然、体を形作る食事にも気を遣った。遠征先では旅館の食事を食べずに自炊することもしばしば。特に毎年のシーズン開幕前のキャンプには、材料はもちろん、七輪や鍋など調理器具も持参した。肉や魚、野菜をたっぷり入れた「カネダスープ」を他の選手にもよくふるまった。

「つまりちゃんこ鍋でしょ」と思われるだろうが、「ケチらずにカネを惜しみなく使え」といっているだけに食費のかけ方も食材のこだわりもケタ違いだ。

1957年の鹿児島・指宿キャンプでは、こんな伝説もできた。ある日、金田がチームのマネジャーを呼び、食費を銀行からおろしてくるよう頼んだ。その額、200万円。しかし、おろせなかった。あまりに多額すぎて、近くの銀行の支店では足りなかったのだ。鹿児島市から現金輸送車で運ばれてきたという。

部屋の隅には木箱がうずたかく積まれていた。中身は瓶に入った水。ミネラルウォーターだ。一般家庭用のミネラルウォーターが発売されるのは、83年。業務用を取り寄せ、飲んでいた。

〔『朝日新聞』二〇一五年一月一四日付朝刊愛知県版二〇面〕

ミネラルウォーターにも驚くが、キャンプ中の食費が二〇〇万。大卒公務員初任給が九二〇〇円、映画のチケットが一四〇円の時代の二〇〇万円である。豪華にもほどがある。

天啓のトンデモ健康ビジネス

前置きが長くなったが、ここからが本題だ。金田のこの健康志向がどうビジネスにつながったか。

金田の健康へのこだわりがそれまで以上に強くなったのが昭和三四年（一九五九年）。シーズンオフに最愛の父親を亡くし、看病疲れからかシーズンが開幕しても調子が出ない。今ひとつピリッとせず、だるさがぬけない。そうした中、原因不明の下痢が金田を襲う。少し長くなるが、いかに下痢が酷かったかがわかる文章があるので引用しよう。


食べても食べても下痢をする。そして不眠症。疲労が極限に達すると人間眠れなくなる。眠ろう、眠ろうとするがぜんぜん眠れない。

思いあまって精神科まで行った。そこでいろいろな薬を調合してもらったが、それでも眠れない。下痢はますます激しくなる。毎日、八回、九回と続いた。

それでも〝食わにゃあかん。食わにゃあかん〟と焦っていた。ワシの商売カラダが資本だ。なんとか食べようとして、水道橋にある病院でオゾンの注射も打ってもらった。食欲増進剤だ。これ一本打ってもらうと、ものすごく食欲が湧いてくる。

何でも手当たり次第に食いたくなる。それで食うわ食うわ。なにせ食べられる。ところがまた下痢だ。

それでも野球はやらにゃならん。汗はかく。水は飲む。すると下痢。止まらない。なんとしても治らない。


［『カネやんの1日5分健康棒体操　弱った身体がよみがえる』金田正一、廣済堂出版］

下痢、下痢、下痢、何をしても下痢。さすがに下痢しすぎだろと思うのだが、別の書籍によると、この頃の体調不良について「なによりも困ったのは、下痢が四〇日間とまらなかったことだ」とも書いているので下痢地獄だったのは間違いない。

どんなに堅いものをくっても、必ず便は水になった。トイレにしゃがむと、もう水音のようなひびきで出ていた。あまりの勢いにあるときなど、もう水洗のヒモを引っぱったのかと錯覚することさえあった。
『さよならギッチョ　やったるで！20年』金田正一、報知新聞社

これまた大げさだろとしかいいようがないが、とにもかくにも絶不調でピッチングどころではなかったことだけはわかる。

色々な医者を巡っても快方には向かわなかったが、サウナでたまたま遭遇した老人が金田を救う。

サウナでしょぼくれていると、酔っ払ったオッサンが入ってきて、「なんじゃ、その格好は！背筋を伸ばせ、背筋を！」と一喝される。

戸惑うカネヤンにオッサンは、「深呼吸だ。毎日、深呼吸して、猫背を治せ、姿勢を正せ」と言うと去って行った。

唖然としながらもサウナを出て、それからは意識して深呼吸するようになる。

胸を張って、深呼吸を繰り返した。しかし、いったん猫背になった体は、いくら胸を張って深呼吸を繰り返しても治らなかった。

が、いつもいつも姿勢という言葉が脳裡から離れない。そこである日、球場でバッティング待ちしている時に、ヒョイとバットを拾い上げ、背中に回して、腰を回転し始めたのだ（中略）夜、眠れない時にはバットで首をもんでいた。

股関節を柔らかくするのもバット。どこにいてもバット、バットと触れていた。と、そのうちに猫背が治ったのだ。背筋がピシッときまってきた。同時に体の機能が回復してきて、下痢も止まり、野球も勝てるようになった。

そしてとうとうその年、最終戦にもつれこみながらも十年連続二十勝をあげることが出来た。それからの精力絶倫ぶりは、我ながら空恐ろしいほどだった。

〔『カネやんの1日5分健康棒体操　弱った身体がよみがえる』金田正一、廣済堂出版〕

読んでいるこちらも空恐ろしくなるような、出来すぎた話だが、この絶不調を救ったバットからヒントを得てつくったのが、金田式健康棒だ。ロッキー山脈で採れたヒッコリー材を使用した健康用品だ。

カネヤンはこの棒を使った健康法に熱心で、会う人、会う人に健康棒を配り歩いた。

女優の三田佳子は自身のブログで昔、雑誌の企画で金田と対談し、後日、三田の体のサイズにあった健康棒をプレゼントされたことを明らかにしている。約四〇年前にプレゼントされ、引っ越ししても大掃除しても常にベッドサイドにあったとか。金田に会ったのはこの一度だけ。それなのに、思い出が健康棒って。カネヤンの当時の健康棒に賭ける思いを感じずにはいられない。

落語家の桂文枝もこれまた自身のブログで健康棒に言及しているが、「金田正一さんが考案の健康器具といっても普通の棒です」と書いている。

とはいえ、侮ってはいけない。日本プロ野球名球会のWEBサイトでも購入することがかつてはできたのだが、価格は税込で一万円を超える。いくらロッキー山脈の木材でも高すぎないか、本当に見た目はただの棒なのに。

気になるのはその効果。たかが棒、されど棒で、効果が凄くて、『健康棒体操』の表紙には「腰痛、肩こり、便秘、肥満、不眠解消から、内臓強化、精力増強、美容まで効果バツグン！さあ、今から始めよう!!」と書かれている。もはや、医者要らずというか、不治の病が治りそうな勢いである。

同書内にも「シミ、ソバカス、吹き出物がとれた」、「ノイローゼが治った」、「学習の能率があがった」ともはや怖い物なし。鬼に金棒、金田に健康棒。一昔前に青年雑誌の裏に載っていた「もてるブレスレット」や「痩せるスーツ」のような怪しい健康器具の広告と同じ臭いがしてくる。

もちろん、棒を使って運動するのは身体への刺激になる。効果は不透明だが体に悪くはなさそうだ。同書巻末には健康棒の問い合わせ先として自身が社長を務めていたカネダ企画の連絡先を記すなど宣伝も欠かさない。

確かに、カネヤンが絶不調から健康棒の助けもあり、復活したのは間違いない。だが、別の著書によると、深呼吸を続け、胸を張っていたが、病は気からと考え、あるとき、肉を食いまくったら下痢の洪水が止まったとも記されている。あんなにバット運動での復活を力説していたのに、一言も記されていない。

バットを使った運動は効果があったが、下痢地獄脱出の全てではない。前述の話は健康棒をアピールするためにいささか「盛った」のかもしれない。いかんせん本のタイトルが『健康棒体操』なのだから。

取るに足らない「盛り」だが、もし、他の野球選手が「盛った話」をカネヤンにしたら、どうだっただろうか。「喝、喝、話を盛りすぎだ！　喝！」と晩年のカネヤンは叱ったかもしれない。

ルートヴィヒ・ヴァン・ベートーヴェン

Ludwig van Beethoven

［音楽家］

近世ヨーロッパの財テク

最近のサラリーマンに人気の副業といえば「投資」である。

ＳＮＳ上では「米国株で資産五〇〇〇万を目指す」「インデックス投資で老後資金をつくる」など金融系インフルエンサーが声高に叫んでいる。早期リタイアを意味する「ＦＩＲＥ」（Financial Independence, Retire Early）関連の投稿も目立つ。これだけ資産形成やＦＩＲＥの情報があふれているということはニーズの裏返しであり、いかにカネを増やすかが関心を呼んでいるかわかる。

「そんなに一生懸命に情報収集するならば本業をもう少し頑張れよ」と突っ込みたくもなるが、かくいう私もコロナ禍で株価がどん底に下がった頃に、投資信託を適当に買って放っておいたら、車が買えるくらいの含み益が出ていた（新車か中古車か、どんな車かは想像にお任せする）。確かに、私のような初心者が勘違いして、「マジメにやったら、働かないでも暮らしていけるのでは」と思っても不思議ではない。

不労所得というのはいつの時代も魅力的だ。誰もが寝ながら稼げればと一度は頭をよぎったことがあるだろう。額に汗しようが、寝ていようが、カネはカネである。歴史に名を残したような人たちも不労所得で生活を助けられたり、山っ気を出したばかりに痛い目にあったりしている。

インフレに翻弄されながらの資産運用

例えば、ベートーヴェンがその一人だ。一八世紀後半から一九世紀初頭に活躍した大作曲家である彼を知らない人はいないだろう。難聴に苦しみながら九つの交響曲をはじめ、多数の名作を残した。

特に晩年はほとんど耳が聞こえていなかったともいわれており、私も幼心に「ベートーヴェン、かわいそう」と伝記を読みながら涙を流したが、史実を知ると「そこまでかわいそうではない」どころか全くかわいそうではないのだ。

というのも、ベートーヴェンは難聴だろうが仕事には困らなかったからだ。コンサートのギャラや作曲料はトップクラスだったし、ヨーロッパ中にパトロンがいた。貴族に作品を献呈すれば、莫大な見返りを得られた。

有名なのは莫大な引き留め料をもらっていた話だ。

一八〇八年にウィーンに居住していたベートーヴェンにカッセル（現在のドイツ中部の都市）の宮廷から定職のオファーが届く。これに慌てたのはウィーンの貴族たちだ。ベートーヴェンにウィーンを離れられては困ると「引き留め料＝年金」を支払うことで思いとどまらせる。これが年間四〇〇〇グルデン。現代の貨幣価値換算では諸説あるが、家具付きの下宿の賃料が月一〇グルデンともいわれていた時代だけに、いかに破格であったかがわかる。それも、ウィーンにいるだけでカネが入ってくるのだ。

だが、左うちわな暮らしはその後、突如終わりを告げる。ナポレオン戦争でオーストリアが戦費を支払うために紙幣を刷りまくってハイパーインフレが起きたからだ。ウハウハな生活だったはずが資産はほとんど紙くずになってしまう。

ベートーヴェンは、晩年には深刻な金欠問題に悩んだと伝わるが、亡くなった時には一万グルデンの遺産を残している。それまでの稼ぎからしたら決して多くはないかもしれないが、赤貧のイメージとは程遠い。それも、インフレで資産が大きく目減りしたことを考えるとけっこう堅実である。とはいえ、確かに現金はあまりなかったのかもしれない。遺産の大半はオーストリア国立銀行の株式だった。

ナポレオン戦争はベートーヴェンの資産を直撃したが同時に戦後は彼に思わぬ富をもたらした。ナポレオン戦争後のヨーロッパの秩序回復を議論した「ウィーン会議」では会議の余興で多くの演奏会が開かれた。当然、ベートーヴェンの出番である。

彼はその稼ぎをただただ貯めるのではなく、ギャラを元手に四〇〇〇グルデンを八本の株式に投資する。ベートーヴェンが株式投資とは意外だが、これは資産を管理していた銀行家の友人の助言による。

目当ては配当金だ。毎年約四〇〇グルデンの利息・配当金が見込めたというから、立派な財テクだ。これは当時の上級役人の年収に相当した。

株価も戦後の経済復興が追い風になり、発行から六年後には二倍まで上昇した。ベートーヴェンが死んだ時には、株全体で七五〇〇グルデンの価値を持ったというから驚く。

ベートーヴェンは音楽の才能に比べて、商才はなかったといわれるが、金運には見放されなかった人生だったのだろう。

投資か、投機か

ベートーヴェンの例は今から考えると堅実といえるが、今ほど投資が一般的でない時代だけに思い切った一手ともいえる。

こう聞くと「投資」ではなく「投機」ではないかという指摘もあるだろう。

投資か投機かは現代でも大きな議論の的になる。かつては、予測可能で長期的なキャッシュフローを獲得できる資産の購入が投資、短期的な価格の変動で利益を得る資産の購入が投機と考えられていた。もちろん、そうした考え方は今でも根強いが、近年では、その人が何を買うかよりも、なぜ買うのかで決まってくるともいわれている。つまり、同じ資産を同じ状況で買っても投資にも投機にもなりうるのだという。

例えば、株価の上昇が続いたときに周囲から置いてきぼりになるのが怖くて株を買うのであれば、それは投機である。反対に、株式市場の急上昇に懸念を覚え、これまでに上昇してきたものの一部を売り、下落してきたものの一部を買うことで資産の構成を見直そうとするのであれば、それは投資になる。現状を分析して、目的を持って買うかどうかで投資か投機かに分かれるのだ。

ベートーヴェンは、甥のカールに財産を残すことが後見人の務めだと感じていた。確実にカネを残すことができ、また増やせる方法を探していた。

死の三日前には遺書をわざわざ書きかえて「カールには利息・配当金のみを、株式自体はその子どもが受け取る」とした。これによりベートーヴェンは、甥が株を売却したり、母親の負債を支払うために使ったりすることを未然に防いだ。過去に札束が紙くずになった失敗から、より確実にカネを残す手段を考えた。ベートーヴェンは立派な「投資家」だったのだ。

モーツァルトの懐事情

ベートーヴェンが投資家ならば、投機家として最近注目を集めている音楽家がモーツァルトである。投機家というよりもギャンブラーといったほうが実態に近い。

彼は収入が少ないにもかかわらず浪費や借金を重ね、晩年は生活苦の状態だったとの説が一般的になっている。実際、亡くなったときには五〇〇〇グルデン（約二〇〇〇万円）もの負債を抱えていた。

ただ、「モーツァルト貧乏説」は今では「運動するときに水を飲んだら体力がつかない説」くらい疑わしい。彼は一八世紀後半のウィーンでは上位五％に入る高額所得者であった。俗説では「演奏会の数も減り、貧乏のなかで死を迎えた」とされるが死の年ですら四〇〇〇グルデン近い収入があったとの指摘もある。

そもそも、演奏会が激減したとの説もあまり証拠がない。それらの議論は主にモーツァルト自身や父親の残した手紙の記述をもとに展開されていたが、当時の演奏会に関する客観的データはほとんどない。晩年の演奏会記録がないのは、晩年には父親も死に、その種の手紙が残されていないからにすぎないとの指摘もある。

そうなると、ますます、なぜ少なくない借金を残したかがわからない。妻が浪費家だったという説もあるが、家計を管理していたのはモーツァルトとされていて、困窮するまでの原因とは考え難い。にもかかわらず、家賃が支払えずに住居を明け渡すなど金欠生活を強いられている。

これは実はいまだにモーツァルトの謎のひとつだが、近年、有力な仮説となっているのがギャンブルで巨額の借金を抱えたというものだ。

モーツァルトの生活は確かにカネがかかったが、それに加えて遊び好きでもあった。舞踏の名手であり、屈指のビリヤードプレーヤーであり、不屈のカードプレーヤーでもあった。種類を問わず遊びに興じたが、当時の遊びは賭けと一体だった。自宅ではカード大会が毎週末開かれていたし、転居した新居はカジノの前だったこともある。

ギャンブル説の根拠となっているのが、ある紙片だ。一七八六年もしくは八七年の収入を記したメモでその額は六八四三グルデン。あまりにも巨額だ。

ある研究者は、モーツァルトのコンサートと楽譜出版による収入は、八六年が七五六グルデン、八七年は三二一六グルデンとしている。メモに残された金額との整合性がとれていない。

この紙片はモーツァルトの自筆であることは明らかでかつ清書されており、帳簿であるのだが、明らかに家計を反映していない。正規の収入以外の何かであり、そこで、「ギャンブル帳簿」ではとの見方が浮かび上がるのだ。

実際、この紙片には約七〇〇〇グルデンの巨額の収入から支出を引いた計約四〇〇〇グルデンが五つにそれぞれ異なった額に割られて記されている。これは債権者への支払いとも推測される。

もちろん、全てが推測に過ぎないわけだが、この巨額の収入をギャンブルと考えると同時に同じような額を失っていたことにもつながり、金欠生活も納得できる。
晩年、カネがなかったことは手紙からもうかがえるがその切迫感はすさまじい。「もしあなたに友情があるなら」、「あなたを男と見込んで……」と、借金を懇願する内容の手紙を友人にいくつも送っている。どれもが「一文無しになったので、どうにかお金を貸してもらえないか」とまるでギャンブルですっからかんになったことを想起させるのだが、これも何が理由で一文無しになったかは明らかではない。

モーツァルトがギャンブル狂であったのは確かだがギャンブルで大金を得たり、借金を負ったりしたかは定かではない。状況から推測するしかない。

ただ、モーツァルトの生きた一八世紀はそのまま遊びの世紀でもあったことは忘れてはいけない。幼い頃から貴族の家々を訪ね、全ての遊びに通じていた彼は社交の場の主役だった。働くように遊び、遊ぶように働いた。そう考えると、彼はやはり、音楽家でありギャンブラーだったのではと思わざるをえない。
ベートーヴェンとモーツァルトはいずれも歴史に名を残す音楽家だが、懐具合は天と地の差があった。そして、その差を生み出したのは本業ではなく、「副業」の成果だった。

フローレンス・ナイチンゲール

Florence Nightingale

［看護師］

実家パワーと行動力で
偉業を成し遂げた

実家の「太さ」は人生を大きく左右するが、実家が「太い」から成功できるわけでもない。

社会人になって最初の赴任地での仕事は中小企業の取材だった。それこそ自宅で事業を営んでいる会社から地元の名士まで企業の規模も業種も様々だった。面白いことに企業の規模と人柄は反比例した。つまり、規模がそこそこデカい会社ほど、社長の性格が悪い(栗下調べ)。私が渡した名刺で卓上の煙草の灰を集めたり、宴席でビールを注がないと気が利かないと激高されたり。「そもそも、俺、お前の部下じゃないし、社員でもない人間と話すときにタバコ吸うなよ」など色々おかしいのだが、二一世紀初頭には珍しくない光景だったのだ。そして、こうした振る舞いをするのは多くが二代目社長だった。

彼らは一様に明るい。悪気もないのだろうが、会社では誰も注意できないから、おかしな振る舞いがおかしなまま通ってしまう。「こんなんで大丈夫なのかな」とおもっていたら、私が異動して二、三年で「地元の有力企業」と大手経済紙に報じられていた会社が二社ほど潰れた。やはり、どんな世の中も能力より人柄なのだ(何が原因で飛んだかは詳しくはしらないけれども)といいたいわけではない(いや、少しはいいたいのだが)。結局、実家が太いから成功が約束されているわけでも、将来が安泰なわけでもない。実家が太くても歴史を変えるような偉業を成し遂げられるわけでもない。実家の太さが全てならば、海外の貴族や所得番付上位の子息たちは偉業を成し遂げまくって、世界はこんなに混乱していないだろうし、貧困もエネルギー問題も解決してくれているだろう。無能な二世議員がのさばるような政治システムに変わる素晴らしい仕組みも生み出されているはずだ。

本気のノブレスオブリージュ

つまり、出自で下駄をはいていようが偉業を成し遂げる人はすごい。そんなひとりがフローレンス・ナイチンゲールだ。彼女も大金持ちの娘だった。

偉大な看護師として日本人にもなじみの深い女性だ。「白衣の天使」と呼ばれたように、看護の世界での功績は大きく、一五〇年以上経った今でも彼女の著書『看護覚え書』は看護師たちのバイブルになっている。

彼女を語る上で外せないのがクリミア戦争だろう。一八五四年から一八五六年にロシアと、オスマン帝国・フランス・イギリス・サルデーニャの連合軍との間で起きた戦争だ。英国から派遣された彼女が野営病院で獅子奮迅の働きをしたことは有名だが、彼女が看護の現場にいたのはこの戦争時だけでわずか二年に過ぎない。「えっ、白衣の天使って二年だけなの？　金持ちの物見遊山みたいなものなのかな」と悲しくなるかもしれないが、それもちょっと違う。実家の太さをいかしながら、当時、誰も成し遂げなかったことを自らの聡明さと突進力で達成した稀有な人物こそ、ナイチンゲールなのだ。

一八二〇年に大地主の娘として生まれる。両親のハネムーンが二年間にも及び、その間に彼女が生まれたというからいかに裕福であったかがわかるだろう。一家そろって働く必要がなかったのだ。ちなみに、彼女のファーストネームのフローレンスは両親がフィレンツェ（英語名：フローレンス）に滞在しているときに生まれ、それにちなんでいる。

当時も今も欧州の上流階級の子息にはノブレスオブリージュ（地位の高い者の義務）がある。男性であれば我先にと戦地で戦い、女性ならば病人や経済的困窮者に寄り添う。ただ、建前の側面もある。貧しい人の役に立つといっても、重要なのは心構えで、貧しい人の中に身を投じて助けるわけではない。ところが、ナイチンゲールは違った。

当時、女性は学校に行けなかったが、両親の協力で読み書きを習う。両親に付いていき欧州各地を回った。産業革命で世界全体は豊かになっていたが、格差は広がり、貧民街が生まれた。そうした町の人たちをみて、がくぜんとした彼女は看護師を志す。

これに両親は「弱者に寄り添えは気持ちの問題で本当に寄り添うなよ。お前は何を考えているんだ」と猛反対する。確かに「おい、働く必要はないんだから、そんなことしなくていいだろ」と私でも突っ込みたくなる。特に当時の看護師は大量の酒を飲み、男性といちゃつくような卑しい仕事とされていた。そこまで極端な偏見を持たない人でも、技術が要らない召使仕事とみていた。手塩にかけて育てた娘が「私、召使になるわ」といっているようなものなのだから反対するのは当たり前である。親からすれば「なんでそんな仕事に就くの。あなたは上流階級の人たちと社交でもしていなさいよ」といいたくなる。

ところが、ナイチンゲールは諦めない。資産家や上流階級の知り合いは多いので、それらの伝手を使って親に内緒で病院を回ったり、看護の勉強をしたり、全く諦めない。両親は「女性が働くなんてとんでもない。それも看護師なんて」という姿勢を崩さなかったが、ナイチンゲールの周りが「頑張れ」と応援し始めたため、結局、折れる。いつの時代も熱意の前に常識や世間体は勝てないのだ。

一八五一年の七月、三〇歳を超えていたが、ドイツのデュッセルドルフ郊外の看護学校で三ヶ月集中して研修を受ける。ただ、お母さんはやはり気に入らなかったらしく、看護の勉強に行くと人に言ってはいけないと釘を刺される。お母さんの粘りもすごい。

それから約二年後、一八五三年の夏、転機が訪れる。ロンドンの婦人病院長に就く。女性家庭教師の診療所の責任者だ。これも実家の太さによるものだ。

というのも、この診療所は意識の高い上流階級の女性たちによって運営されていたのだが、当然、実務能力は皆無に近い。看護の知識もあまりなく、運営がうまくいっていなかった。誰か運営できる人はいないかとなった時に彼女と仲の良いご婦人がプッシュしてくれたのだ。もちろん、世間体を気にする母親は汚らわしいとばかりに反対するが、そこは強行突破する。家を出て、働き始めたのだ。だが、実はその仕事は無報酬。「けっこうナイチンゲールも大変だったのね」と思うだろうが、そんなわけはない。「太い実家」からの仕送りがあった。その額は年五〇〇ポンド。今の日本の貨幣価値に換算すると七〇〇〇万円以上である。楽勝だ。

豪快な「白衣の天使」

責任者の立場になってわずか半年で彼女の運命をさらに変える出来事が起きる。一八五四年、クリミア戦争が勃発する。

クリミア戦争は、黒海沿岸を南下して勢力拡大を図るロシア帝国と、衰退しつつあるオスマン帝国（トルコ）との間で起きた。両国は同じような戦争（露土戦争）を繰り返しており、クリミア戦争では、緒戦の艦隊決戦でオスマン側が壊滅的敗退を喫した。装備に劣り、作戦ミスもあったオスマンの敗北は必然であったが、イギリスの新聞はこれを「虐殺」と報じたため、世論はオスマンを支援し参戦すべきだと盛り上がった。ビクトリア女王夫妻も首相も参戦に消極的だったが、結局、イギリスは拡張志向の強いナポレオン三世が統治していたフランスと一緒に参戦した。

「どんだけ正義感強いんだよ」と思われるかもしれないが、イギリスもフランスも楽観視していた。「おれらが参戦すれば戦争はすぐに終わる」と考えていたのだ。しかし、戦闘はクリミア半島だけでなく、広い範囲で行われ、戦場に着く前にコレラやチフスがまん延し、多くの兵士が死んだ。冬になると、冬服を持っていたフランス軍と違い、夏服しか持たぬイギリス軍は生き残るのが精いっぱいという状況に陥った。

参戦前にロシアの残虐性を非難していた新聞は、参戦後は美談仕立てのイギリス軍の活躍を報じた。無理筋な騎兵隊の突撃もなぜか果敢な突撃として国内に伝わったが戦況はごまかしようがないくらいひどかった。新聞は兵士の置かれた悲惨な状況を伝えざるをえず、ナイチンゲールはこのような背景のなかで従軍を決心したのである。

とはいえ、国からの支援はたいして期待できない。「それならば」と実家から必要なカネを調達し、両親の伝手で三八人の看護婦を率いてトルコのスクタリ基地に乗り込む。彼女は現地で一日二〇時間以上にわたってはたらき、「白衣の天使」のイメージが広まることになるが、実家の「太さ」なしには現地に辿り着けなかったことを忘れてはいけない。

伝記などでは、ランプを手に夜中も病院内を巡回し、彼女の足音は兵士に安らぎを与えたとされている。確かに彼女が負傷兵たちの心をいやしたのは間違いないが、彼女の偉業はヒューマニズムでは語れない。整理整頓、掃除、服やシーツの洗濯、下水処理、栄養価の高い食事の提供など、現在の病院では当たり前だが当時は当たり前でなかったことを最悪の状況下で実践した。

彼女が戦地についたとき、状況は最悪だった。汚物にまみれ、床に転がって死んでいく数千人の兵士たち。衛生環境の改善に乗り出したくても物資が足りなかった。正確にいうと物資が現地に届いていたものの、お役所仕事のため野営地に供給されなかった。物資があるのに、許可がなければ供給できない。人間が生きるか死ぬかを目の当たりにしながら、建前にこだわる。そんな状況にナイチンゲールはどうしたか。またもや実家パワーである。自分のカネで必要な物資を現地調達してしまったのだ。

「なければ、買っちゃう」。誰もができる手段ではない。実際、ナイチンゲールは（というより彼女の実家は）戦争に伴い現在の貨幣価値で一億円以上を投じている。カネがあったからできたともいえるが、カネがあったらそんな場所に普通はいかない。やっぱりすごいとしか言いようがない。

統計学者としての功績

彼女が衛生環境の改善に徹底的にこだわったのは「勘」ではない。そもそも、彼女には戦地に行くまで看護経験もなかったし、ましてや野戦病院での勤務経験があったわけでもない。ナイチンゲールのすごみは看護の現場に統計学を持ちこんだことである。

彼女は学校には通えなかったが、歴史や語学、美術や音楽など様々な分野の教育を受けていた。彼女の関心を特に惹きつけたのが統計学だった。「近代統計学の祖」とされるアドルフ・

ケトレーを信奉し、統計学のイロハを学んだ彼女はクリミア戦争でも多くの戦死・負傷者に関するデータを分析した。

野営地で掃除に奔走している時にあまりに病床(戦闘以外)での死者数の多さに疑問を抱く。分析するうちに、戦闘よりも院内衛生が原因での「戦死者」がはるかに多いことがわかった。コレラや赤痢が蔓延していた中、ネズミ退治や寝具の交換、換気の徹底を図り、劣悪な衛生状態を改善し、負傷兵の死亡率を劇的に引き下げた。


後世の視点では、彼女の最大の功績は戦争後にある。クリミア戦争での野営病院でのデータをまとめ、医療改革を提言した。具体的にはナイチンゲールは数学や統計学の知識を生かし、「伝染病」「戦闘」「その他」の死因別の死亡率を割り出した。一八五四年四月から二年間で英軍病院で亡くなった死者約一万八〇〇〇人のうち、伝染病が八割、戦闘が一割、その他が一割との記録が残っている。

画期的だったのは、死亡率の推移を円形のグラフで示して誰の目にもわかりやすく「見える化」したところにある。伝染病の死亡率が突出して高かったが、徹底的に病院の衛生環境の改善を心がけ、死亡率を劇的に低減させた。負傷兵の死亡率は四二・七%から、二・二%に激減した。「密」な状態にあることが死につながることを示し、医学の世界に統計がいかに重要かを伝えたのだ。

当時のイギリスでは、首都のロンドンですら、半数近くが八歳まで生きることが困難だった。また、約八割の患者が手術後に亡くなっていた。そのほとんどが感染症によるものだった。彼女の提言が医療の現場を大きく変えたことはいうまでもない。「統計学者としてのナイチンゲール」が世界の医療や福祉の仕組みを整えたのだ。

彼女の功績は実家の太さがなければなしえなかったかもしれない。ただ、女性の権利もまともに認められず、働くことさえままならない時代に、彼女が異色のキャリアを築いたのは無視できない。彼女は三〇歳を超えるまで何者でもなかったが、上流階級の家庭の女性は働かないという常識に抗い、夢を温め続けた。

私たちが生きる今の時代は目的のためにいかに最短距離を歩んだかが評価される。人生にすらコスパの概念が持ち込まれる。もちろん、目的に一直線に向かうのも大事だが、時に状況がそれを許さない時もある。自分が就きたい仕事に就けない、理不尽な異動を強いられる。だが、ナイチンゲールの人生は遠回りも大事であることを教えてくれる。幅広い経験が多角的な視点をもたらし、専門家が見落としがちな課題を洗い出す。夢を温めつつも、その場を楽しむ、貪欲に学ぶ。その姿勢を忘れなければ、道は閉ざされない。最大の敵は諦めだ。「どうせ、無理だろう」、「おまえにはできっこない」。そんなことをいわれて気落ちしている人もいるだろうが、ナイチンゲールの前に立ちふさがっていた壁に比べれば容易に打ち壊せるはずだ。

　少しずつでもちょっとずつでもやってみる。副業としてでもちょっと始めてみる。まず、一歩を踏み出してみたら、きっと景色は変わるはずだ。

第3章

食うためには なんでもやります

江戸川乱歩

Rampo Edogawa

［小説家］

朝、起きられないから
会社には行きません
気まぐれな職業観

「飢え死にしちゃうかも」と思ったのだろうか。

平井太郎は第二次世界大戦末期、「転職」を決めた。

新しい職は、戦時体制下、食糧の一元的配給を担った食糧営団の福島県支部長だ。関わっていた翼賛壮年団でのコネだ。平井は東京の豊島区に住んでおり、食糧営団理事の横山敬教が壮年団の豊島区団長だった。

誰もが食うに困る時代。コネを使って転職しようが誰にも咎められないだろうが、平井にとっては大きな決断だった。平井の転職は怪奇小説や少年向け作品で知られた作家「江戸川乱歩」という名を捨て、平井太郎に戻ることを意味したからだ。

戦争でキャリアが崩壊

乱歩は、昭和初期、まぎれもない売れっ子作家だった。

昭和六年（一九三一年）の月収は印税収入と原稿料で五〇〇〇円。エリート銀行員の初任給が七〇円、小学校の先生の初任給が五〇円前後の時代に五〇〇〇円である。

この年、平凡社から全集が発刊されたことが強烈な追い風となっていたが、いかにケタ違いに稼いでいたかわかる。

ウハウハだった乱歩の生活を一変させたのが戦争だ。乱歩が書いていた怪奇小説や探偵小説は、今でいう「不要不急」極まりないものとみなされた。

令和のコロナ禍と異なり、「自粛要請」などではなく、トップダウンで白いものも黒くなりかねない時代だ。娯楽モノは出版界から締め出され、文学はひたすら愛国の宣伝機関になった。犯罪を取り扱う探偵小説は雑誌からは一掃され、世の中の探偵作家は科学小説、戦争小説、スパイ小説、冒険小説などに転じた。


実は、乱歩は戦争が始まる前、昭和一四年(一九三九年)にはすでに当局にマークされていた。内務省図書検閲室には、乱歩の名が大きく貼り出されてあり、最も注意すべき作者の一人として監視の対象になっていた。

確かに乱歩の作品は「健全」ではなかった。戦争で両手両足や味覚などを失った夫を妻がひたすら虐げる「芋虫」に代表される作品が、昭和初期に流行った退廃的な文化の象徴として問題視されてもおかしくない。だが、本人が関係者から聞いた話では全く事情は違っていたようだ。筆名が米国人のエドガー・アラン・ポーをもじっていたことが大きな理由だったとか。「えっ、そこ」と突っ込みたくなるが、いつの時代も人は中身ではなく、見た目が九割なのかもしれない。

貯金を切り崩す、耐久生活

戦中、乱歩は海洋冒険小説を書いてみたこともあったが、器用にこなせず、活動の範囲が狭まっていく。雑誌からの依頼は減り、収入はほとんど見込めず、かつて書いた本の印税頼りの生活を送る。

> 講談社から出版している少年もの五種、新潮文庫六種、春陽堂の文庫十三種（自から絶版にした前記五種のほかに）などが盛んに版を重ね、十五年度は十四年度の倍、十三年度の三倍にも及んだので、これによって原稿料の収入減を補うことができたのである。
>
> 〔『江戸川乱歩全集第三〇巻　わが夢と真実』、光文社文庫〕

これが軍靴の音が大きくなる昭和一六年（一九四一年）になると、出版社は当局に忖度し始める。乱歩作品は売れ行きが良いのにもかかわらず、各社、重版を見合わせる。ただでさえ少なかった雑誌依頼も途絶え、「当局に睨まれている筆名を変えて新たに出直せ」と編集者に勧められる。

乱歩の流通していた著作物は、昭和一六年末には全滅する。そこから昭和二一年（一九四六年）半ばまで一家は収入皆無の状況に陥る。今のようにクラウドファンディングなどないし、YouTuberにもなれない。

戦意を高揚するような本を書ければ別だが、その才もなく、結果、貯金を切り崩す持久戦に突入する。

一時期はケタ違いの収入があったとはいえ、出費も多かった。昔は家族共同体が強固な時代だ。乱歩は病気がちだった妹や弟の医療費などを負担していた。なぜか友人の結婚式費用まで出している。株式投資の失敗などもあり、有名作家とはいえ、貯金を切り崩す暮らしも限界が早晩訪れる。

耐え難きを耐えていたものの、耐久生活が成り立たなくなり、もはやこれまでと月給取りに転じる覚悟をした頃に、戦争が終わる。これから、日本にも探偵小説の新しい風が吹き込むとにらみ、急遽、就職をとりやめる。

もちろん、誰もがギリギリの時代だった。それでも、売れっ子作家が就職活動するのは稀だったが、乱歩はなりふりかまわず職を求めた。

ここに乱歩の職業観が浮き彫りになっている。乱歩にとって作家は食うための職業のひとつにすぎないのだ。

スケールのでかい放浪家

明治二七年（一八九四年）、乱歩は三重県名張町（現名張市）で生まれる。生家は裕福だったが、父親が事業に失敗。苦学して早稲田大学に進む。

学生時代から探偵小説を好んだが、作家になろうとは思わなかった。正確には日本で作家になろうとは考えなかった。

学生時代の進路希望はアメリカでの皿洗い。というのも、皿洗いしながら、英語の文章を学び、作家になろうと考えたのだ。スケールがでかすぎて、令和の人間からしても、よくわからない。

> アメリカへ渡って、英文を学んで、探偵小説を書こうというのも、半分以上お金の誘惑であった。当時の日本の小説家の原稿料というものは、今とは比べものにならないくらい低廉であった。小説なんかでは飯が食えないというのが常識であった。〔同前〕

文学は好きだが、カネにならないなら、やらないというリアリストだった。米国行きは旅費もままならず、断念。大学の研究職を志望していた時期もあったが、教授に止められ、実業の世界で一旗揚げようと気持ちを新たにする。

大卒後の大正五年（一九一六年）、同郷の政治家である川崎克の紹介で大阪の貿易商社に勤める。月給二〇円。当時、大学出の初任給は二〇円、帝大出だと二五円だったので、可もなく不可もなしの給料だろう。

ちなみに天丼が二〇銭の時代である。実業の世界に水があったのか、しこたまボーナスを貰ったらしいが、それまで女性経験もなかった若者がカネを持つことで道を誤る。無断で会社を休み、温泉廻りなどにうつつをぬかし、一年あまりで退職する。乱歩の人生には放浪癖がその後もつきまとう。

人に紹介してもらった就職先なのに、嫌になってトンズラ。米国で皿洗いしながら作家を目指そうとした男だけに、やはりスケールがでかいが、この程度で驚いてはいけない。

貿易商社を一年あまりで辞めた乱歩だが、大正時代の好況もあってか、その後、三〇歳までの間に十数回職を変える。

乱歩の少年向けの代表作『怪人二十面相』さながらである。余談だが、この作品は少年ルパンものを狙って、題を「怪盗二十面相」とつけたが、その頃の少年雑誌倫理規定は、今よりもきびしく、「盗」の字がいけないということで、語呂は悪いものの「怪人」に改めたという。

転職魔、乱歩

乱歩の職歴を辿ると、職業図鑑ができるほどだ。造船所社員、古本屋経営、雑誌編集長、東京市（当時）職員、新聞記者、化粧品製造所支配人、弁護士の手伝い、新聞の広告営業などなど。他にも、タイプライター行商人や活版印刷工など一ヶ月や二ヶ月で辞めた職はいくつもあった。妄想癖があり、妄想する暇がない勤務には耐えられない、とはいえ、暇でも、決まり切った毎日だと飽きてしまう、おまけに朝、起きられない。わがままにすぎて呆れてしまうが、それでも大作家になったのだから、全国七〇万人のニートに希望を与えるではないか。俺もあなたもなれるかも、江戸川乱歩に。

古本屋経営が行き詰まったときは、ラーメンの屋台をひいた。一〇円売れば七円ももうかる、利益率の高い商売だったらしいが続かない。

> 冬の深夜の商売なので、長つづきせず、ほんの半月ほどでやめてしまったが、そういう窮乏のさなかに、私は結婚したのである。
>
> 〔同前〕

ここで結婚である。あまりにも無計画すぎる。「仕事の優秀さと性格の良し悪しは全く関係が無い」とはよく聞くが、「乱歩のような破綻した性格で、筋が求められる小説をよくかけたものだ」と感心してしまう人もいるだろう。あなたは正しい。乱歩は長編を場当たりで書いてしまうため、話が行き詰まることが少なくなかったというから、仕事と性格は関係あるのかもしれない。

多くの職業を経験した乱歩が「あんなノンビリした生活を知らぬ」と振り返るのは、最初に就職した貿易商社から逃げ出した後。大正六年（一九一七年）に就職した三重県の造船所時代だ。仕事は庶務だったが、上司が乱歩を気に入り、社内向けに雑誌の編集に携わったり、講演会を企画したり、乱歩にしてみれば半分遊んでいるような生活だった。会社に行くのが面倒くさくなると休んでも問題がなかったというから、お気楽極まりない。それで、ボーナスが月給二〇ヶ月分出たとか。時代も良かった。

妄想を膨らますのを大事にしていた乱歩だが、当時は寮住まい。雑音を遮断し、妄想モードに入りたいときは、押し入れの中に籠もった。

その時の経験が、後にネタが尽きて追い込まれた乱歩に小説「屋根裏の散歩者」を書かせるわけだから、人生、どう転ぶかわからない。

人にも待遇にも恵まれた乱歩だが、もちろん、ここも一年程度でやめる。それどころか、地場の飲み屋など、方々に借金をつくり、職場にも無断で遁走してしまう。「もう、あんたの人生が怪奇だよ乱歩。これからどうするのよ」と突っ込みたくなってしまう。

「呑気で楽しかったと無邪気に振り返っている場合じゃないだろ、夜逃げかよ」と唖然とした人もいるだろう。だが、乱歩自身はこの件については、作家として名をなしてから返済したと、なぜか、ドヤ顔だ。「過去のことを蒸し返されたくないから返済しただけでは」と思うのだが、どうなのだろうか。今なら、当時を知るAさんやBさんがリークしてネットで大炎上間違いない事案である。

ちなみにこの造船所は当時飛ぶ鳥を落とす勢いの鈴木商店の傘下の鳥羽造船所だった。鈴木商店は一時、日本一の総合商社として君臨したものの昭和恐慌のさなかに破綻する。鳥羽造船所は今も東証プライム上場企業のシンフォニアテクノロジーとして存続している。そして、驚くべきことに、同社のホームページには江戸川乱歩が在籍していたことが掲載されている。非常に前向きに描かれているが、無断で職場から逃走してもホームページで紹介するなんて心が広過ぎると思うのは私だけだろうか。企業も多様性の時代とはいえ多様性を包摂し過ぎである。

探偵小説ブームを予見

さて、当然、遁走した乱歩の生活は行き詰まる。困った、困った、どうしよう、と再び、川崎克に泣きつく。乱歩は十数回の転職のうち、半分くらいは川崎克の紹介で就職している。

「何度しくじっても、こりないで面倒を見て下さったのである」。乱歩の面の皮が厚いのか川崎先生の心がこれまた広いのか。周囲に恵まれている感が凄いが、最終的に世に出る人というのはそうした運を持ち合わせているのだろう。

造船所から遁走した後、古本屋経営、雑誌編集長、東京市職員、新聞記者、化粧品製造所支配人と職を辿る（この他に前述したラーメンの屋台など短期間で辞めたもの多数）。化粧品製造所を辞め、その後に弁護士手伝いになる間の三、四ヶ月の失業期間に、当てもなく小説を書く。乱歩、二七歳、大正一一年（一九二二年）夏だった。

職を転々としているから、四〇歳くらいになっているかと思いきや、まだ二七歳なのだ。二週間で二作、一気呵成に書き上げる。

乱歩は学生時代から探偵小説を好んだが、自ら書く気はなかった。なぜ、このとき書いたのか。極論すれば、「暇だったから」に尽きるのだが、本人は、「雑誌に海外の探偵小説が訳載され、日本にも探偵小説の時代がくると立ち上がった」と勇ましく振り返っている。

書き上げた小説を、乱歩は探偵小説に造詣の深い評論家に送るが、待てど暮らせど返事は来ない。苛ついた乱歩は「俺がわざわざ手紙を送ったのに返事もよこさないとは何事か」とぶちギレる。

自分で送りつけておいて勝手すぎるが、「読まないなら、送り返せ」とむちゃくちゃ失礼な手紙を再び送り、原稿を取り戻そうとする。先方は逆ギレ甚だしい手紙を送りつけられながらも、「旅行に行っていました。すみません」と丁重な謝罪とともに原稿を送り返す。おそらく、いきなり手紙が送られてきた上に勝手にキレてるから、怖かったのだろう。家、バレてるし。

乱歩は取り戻した原稿を雑誌『新青年』の編集長に送る。絶賛の手紙が届き、書き上げた二作の内の一作が「日本にもついに探偵小説が生まれた」という大賛辞とともに、『新青年』の大正一二年四月号に掲載される。

これが作家デビューになる。

あくまで兼業志向

二八歳になっていた乱歩だが、専業作家になる気はさらさらなかった。雑誌の原稿料は一枚一円。売文稼業などアホらしくてやっていられないのが本音だった。デビュー作が掲載されてから間もなくして大阪毎日新聞の広告部で働き始めたが、固定給以外の歩合収入だけで月四〇〇〜五〇〇〇円も稼いだ。大卒の初任給が一〇〇円程度の時代だから、今ならば一〇〇〇万円近い額になるだろう。

男は三〇歳からと昔はいったものだが、専業作家に転じるのは三〇歳の時。デビューから三年弱たった大正一四年（一九二五年）末。注文も増え、原稿料もあがったことで決断する。

ここで、乱歩の多彩な職業遍歴が終わりを告げる。乱歩は転職を繰り返した人生を自ら「一種の病気」と語っている。「気が多いというか、飽き性というか、おそらく精神病に近いものだと思う」とまで言い切っている。

それほど職を転々としていた乱歩がその後は結果的に小説家一本になったということは性に合ったのだろう。


とはいえ、乱歩は「もうやってられん」と断筆した時期が三回もある。この原因は色々あるが、作家は生活のためといいながらも、小説に真剣に向かいすぎたのだ。本人は「才能が無い」と作家が嫌になって、家族に下宿の経営をさせて放浪に出ている。会社も小説も、嫌になると、どっかに行ってしまう。人間の本質は年を重ねても変わらない、とまとめたいところだが、まとめられない。乱歩は戦後に変わったのだ。

人が変わった乱歩

乱歩は社交が大嫌いで人付き合いを徹底的に避けていた。

――私は正直者だから、純売文の生活がやましかったのである。相変らずの人嫌いもそこから来ていた。恥ずかしくて文壇の会合などにも、進んで出たことは一度もなかった。虚名があがるにつれて、身をせばめ、世間をせまくしていたのである。［同前］

実際、人嫌いが、尋常ではない。「そこまで避けるか！」というエピソードがある。

旅先で駅前の茶屋で休んでいたところ、そこに、出版社の社員と文壇の大御所である菊池寛がたまたまあらわれる。「げっ、菊池寛じゃん」と言ったかどうかは知らないがすっかりビビってしまった乱歩はどうしたか。茶屋のトイレに逃げ込んだのだ。菊池寛にそこまでビビるのも謎だが、トイレに逃げ込むのはもっと謎である。果たしてどのようにして出たのだろうか。

文壇と徹底的に距離をとっていたこともあり、会合に乱歩の姿があると大騒ぎだったようだ。ツチノコか乱歩か。現代ならば、ひきこもりがパーティーに行ったくらいの衝撃だったのだろう。そんな人嫌いが、戦後は人付き合いが良く、ほとんど飲まなかった酒も口にするようになったというから、人間は変わるのだ。

きっかけは、戦時中に隣組の活動にかかわったことだ。隣組は国民統制のために作られた最末端の地域組織だ。人付き合いを徹底的に避けることを美徳にしていた乱歩は近所付き合いもほとんどなかったが、戦争が始まり、国が大変だということで、隣組の活動に関わるようになる。

なぜ、地域社会とそこまで距離を置いていた乱歩が関わったかというと、昼間、暇そうな男が乱歩ともう一人しか町内にいなかったからだ。消去法だ。

面倒くさい、面倒くさい、と言いながら参加した乱歩だが、自身でも認めているように人前に出るのが苦手な反面、作家になるくらいだから「目立ちたがり屋」の気質もあった。参加しているうちに、率先して、皆を鼓舞し、あれよ、あれよという間に、活躍が認められるようになる。

戦時下に隣組の活動に結果的にとはいえ喜々として参加したことへの是非はあるだろうが、ここでは本筋ではないので置いておく。興味深いのは、戦争という非常事態が思わぬ変化を乱歩にもたらしたことだ。強制的に人と付き合わなくてはいけなくなり、気付いたのだ。

人付き合い、楽しいかも。

戦後はパーティーにも積極的に出るようになり、酒席にも誘われれば、顔をガンガン出すようになる。人はきっかけがあれば簡単に変われるのだ。自分は変わらない、変われないと思い込んでいるだけなのだ。スタイルに固執せずに、あれこれ考えずに流されて変わった方が、うまくいくのではないだろうか。

仕事もそうだろう。特に副業はなおさらだ。

とりあえずやってみて、嫌ならばやめる。早起きしたくない、忙しすぎる、いや暇すぎる。一昔間ならば「根性がない」と非難されたかもしれないが、現代は人手不足で、仕事が余っている時代だ。「根性がない」人でも働いてほしい時代だ。みんな、働き手が欲しくてたまらないのだ。これからの時代、あれこれ考えずにやってみる「乱歩的ノリ」が重要になるはずだ。

水木しげる

Shigeru Mizuki

【漫画家】

副業を軽やかに手放し、
天職を見つける

副業の王道といえば不動産ビジネスだろう。物件選びさえ間違わなければ、サイドビジネスどころか働かずに利回りで暮らせる。不動産投資は、そんな夢を多くの人に抱かせる。『ゲゲゲの鬼太郎』で知られる漫画家の水木しげるもその一人だ。有名人が有り余る資産を運用する一環で不動産に投資するのはよくあるケースだが、水木の場合は事情が少し異なる。ラクして、楽しく暮らしたい。働かないでごろ寝して暮らしたい。そんな一念で手元資金が決して潤沢でない、まだ何者でもない時代にアパート経営に乗り出している。

戦争から帰還し、「副業」転々

水木は大正一一年(一九二二年)、大阪で生まれ、鳥取県境港市で育つ。昭和一二年(一九三七年)に高等小学校を卒業し、大阪の印刷会社に住み込みで就職するも、嫌いなことができない性格のため、失敗の連続だった。二社続けてクビになり、心配した両親が手に職をつけさせようと園芸学校を受験させるも定員五〇人で受験者が五一人の入試に落ちる。ぶらぶらしているわけにもいかず、大阪の夜間中学に編入する。太平洋戦争中の昭和一八年(一九四三年)に軍隊に召集され、南方戦線で片腕を失い、重傷を負いながらも九死に一生を得る。

内地に帰還後、水木の「副業」人生が始まる。

水木は失った左腕の本格手術のため相模原病院(旧陸軍病院)に入院するが、その時にたまたま新聞広告を見て、武蔵野美術学校(現武蔵野美大)を受験する。本人曰く、奇跡的に合格し、入学する。目指すは絵描き。だが、ひたすら絵を描いていればいい身分ではない。誰もが生きるのに必死な時代だ。日々の糧を得る必要があった。

まず手を出したのが、ヤミ米の買い出しだ。千葉の農家で米を買い付けて東京で売ると、一回五〇〇〇円ほど儲かった。この頃（昭和二一年）の一世帯当たりの消費支出は平均で月約二〇〇〇円程度だった。効率の良い稼ぎ方だったことがうかがえるが、列車のなかで財布をすられたのをきっかけにヤミ屋をやめる。

そうした中、ある日、病院仲間に「新生会」という謎の会合に誘われる。行ってみると、それは傷痍軍人の団体の集まりだった。傷痍軍人が街頭募金する光景をドラマなどで目にしたことがある人は多いだろうが、水木たちはその走りだった。

仲間たち七人で街頭募金や行政が所有するビルの占有をするなどして日銭を稼いでいると、仲間内で魚屋を始めたらどうかという話になった。当時、魚は配給制だった。

魚屋の免許さえもてば後は週に一回の配給日に魚を配ればいいだけだとそそのかされる。とはいえ、隻腕の身。魚はさばけないとためらっていると、誰かに手伝ってもらえばいいからと押し切られ、学生兼魚屋になってしまう。

今ならば若手実業家ともいえる身分に期せずしてなったが、本人はあまり乗り気ではない。儲かっていないわけではないが、うまくいっているともいえない。実際、この頃は魚屋で身を立てていたというよりも毎日パチンコ屋に通い、一日の糧を得ていた。

魚屋を手放し、リンタクに投資

とはいえ、魚屋の仕事はあるし、大学にも通って病院にも行き、パチンコで稼ぐには忙しすぎた。結局、店を手伝ってくれていた友人に魚屋の権利を四万円で売る。隻腕の体でできて、忙しくない仕事はないかと探し、魚屋を売ったカネで今度はリンタク屋を始める。

リンタクとは今となっては聞き慣れない言葉だが、自転車に客席を取り付けた営業用の三輪車だ。今でも東南アジアの一部では健在の乗り物である。

ガソリン不足や、自転車の改造にわずかな費用しかかからない背景もあり、戦後すぐに爆発的に普及した。

水木はリンタクを二万円で買うと、自分では引かずに一日五〇〇円で人に貸した。それなら昼まで寝ていて、パチンコで稼ぎ、学校にも行ける。毎日、寝ているだけで、五〇〇円の定期収入があるから、貯めておけば一ヶ月半に一台新しいリンタクも増え、さらに稼げるようになる。風貌からは想像もつかないが、ビジネスの才覚にうならされる。そうこう食いつないでいると、しばらくして傷痍軍人の仲間から募金活動で地方を行脚しないかと誘われる。「地方は東京より人情があふれている。優しい人が多いから募金活動すればガッポガッポだよ」。

その頃、水木は学校で衝撃的な発言を聞いていた。「絵描きになるには一〇〇〇万円ないと生きていけないよ」。つまり、資産家の子どもでもなければ目指すものではない。水木がそれを聞いて、ゲゲゲと驚いたかは知らないが、絵描きとは昔からそういう職業だった。「絵描きは無理かもしれないが、好きなことをして生きていくには金が必要だ」と改めて実感する。

「これは金をもっと稼がないと」と東海道募金旅行に出かけるが、今も昔も都心よりも地方が人情味にあふれているということはない。「裸の大将」や「男はつらいよ」の見過ぎである。傷痍軍人に同情してカネを落とすかどうかは場所の問題でなく、属人的な問題だ。

実際、小田原で成功した以外は大きな収穫はなく、旅費だけが重くのしかかるようになるのに時間はかからなかった。

寝て暮らしたいから、不動産経営へ

結局、旅費が手元にある内に東京に帰り、身辺整理を始めた。授業料は滞納しがちで、友人から服地のヤミ商売をやらないかという誘いもあったが、手持ちの一〇万円を持って郷里に帰ることにした。

この決断が水木の運命を大きく変える。

昭和二五年（一九五〇年）、帰郷の途中に泊まった、神戸の宿の女将が二〇万円でその宿を買わないかといってきた。一五、一六部屋あり、一生寝て暮らせるのではと夢は膨らむ。その宿には一〇〇万円の借金があり、引き継ぐのが条件だったが、それは月賦でいいとなり、「それならば」と、父親に無心するなどしてカネをかき集め、思わぬ形で不動産賃貸業を始めることになる。このアパートは兵庫区水木通にあったため「水木荘」と名付けられた。お気づきだろうが、これが後に「水木しげる」のペンネームになる。

水木しげるのマンガ家人生はここで始まる。水木は紙芝居を皮切りに貸本漫画、マンガ雑誌と描く媒体を変えながら激動する時代を生き抜くが、水木荘の住人が彼を紙芝居の世界に誘った。偶然にも紙芝居画家が入居してきて、彼の紹介で紙芝居の仕事を受けるようになる。

賃貸収入と紙芝居の二本立てでラクして暮らす生活。絵描きではないが絵に関わる仕事ができる。それも、カネの心配をせずに。令和の時代からみても夢のような暮らしだが、三年ほどでその計画は実現することなく頓挫する。

遅咲きの漫画家デビュー

紙芝居業界は重労働で低賃金。おまけに画料をまともに払ってもらえないこともしばしばあったため、借金は一向に減らない。結局、「アパートを売って、借金を払ったらどうですか」という借金取りの案に乗る。水木荘を売却し、西宮の今津に家を買い、引っ越す（そこでは一階をパチンコ屋に貸していた）。『墓場の鬼太郎』も『河童の三平』もこの頃にすでに描いていたが全くウケなかった。

話の中身やキャラクター設定の問題以前に、朝鮮戦争による特需やテレビの登場など時代の大きな変化もあり、紙芝居業界全体がダメになっていた。その後、昭和三二年（一九五七年）に背水の陣で再び上京して貸本漫画家に転じるが、相変わらず生活は苦しかったことを水木は述懐している。

原稿料も零細で、それも手に入る前は絶食状態でした。出前をとって居留守を使ったり、腐りかけたバナナを一山いくらで買って飢えをしのいだりもしました。貸本漫画も大手出版社の漫画雑誌が出てきて消えてしまう。世の中が豊かになって借りるより買う時代になったんですね。

〔『日本経済新聞』一九九五年八月一七日付夕刊五面〕

水木が食うや食わずの最底辺の世界を脱し、人並みの暮らしが出来るようになるのは昭和四〇年（一九六五年）、『少年マガジン』からの注文で「テレビくん」を描き、講談社の漫画部門賞を受賞して以降だ。売れない貸本漫画家と定評があっただけに「何を考えたのか『少年マガジン』が連載を言ってきた」（「わが狂乱怒濤時代」『別冊新評』一九八〇年一〇月）と当時の驚きを振り返っている。水木荘を買い取ってから一五年、四三歳の遅咲きのデビューだった。

好きなことだけやる覚悟

水木の世代は戦争が強烈な体験になっていたのは間違いない。特に水木は片腕を失い、文字通り生きるか死ぬかの最前線にいただけに復員後はぶれない軸があった。「『これからの人生は好きなことをやって死のう』と思った。好きなことといっても遊びではない。興味があって、しかも生活できるものでなくてはいけない」(同前)

元来の好きなことしか続かない性格を無理に変えずに生きていこうとの決意がうかがえる。楽しいことをしてラクして、寝たいだけ寝て暮らす。この精神はリンタク、アパート経営、漫画全てに通じる。やれそうならやって、ダメになったらやめる。魚屋がダメならリンタクに、紙芝居がダメなら貸本に。固執せずに軽やかに生きた。

水木は売れっ子漫画家になっても徹夜を殆どしなかったことは有名だ。手塚治虫も石ノ森章太郎も同時代の売れっ子は二日も三日も徹夜して、そのままパーティーに出たが、眠りに弱い水木には信じられなかった。徹夜は週に一度がやっとで、徹夜した翌日は一〇時間以上寝たというから、徹夜の意味があまりない。

水木の壮年期は食うためにはなんでもやった時代で、特に戦後すぐは正業も副業もない時代だった。今とはあまりにも時代背景も違うが水木はこう諭す。

サラリーマンの大半は、幸福になる努力が足りない。まずにおいをかいで、幸せの方向をちゃんとつかんで、階段を上がるようにしないといかんです。幸せにつながらない階段を上がっちゃだめですよ。もっとも、そうしたいと思っても無理、という立場の人もおるでしょうね。かわいそうだけど、それはしかたない。ところが、幸福のためには全く役に立たないことをやってて疑問を感じない人たちもたくさんいる。これは一種の妖怪ですよ。

〔『読売新聞』二〇〇四年一〇月五日付朝刊一五面〕

果たして、あなたは妖怪になっていないだろうか。

樋口一葉

目的のためには
スポンサー頼みも厭わない

Ichiyo Higuchi

【小説家】

「平日の昼間からゴロゴロゴロォゴロゴロ。あ～あ、ニューヨーク・ヤンキース、間違って俺と契約しないかな」

そんなことあるわけがないのに、もしかしてもしかしたらあるかも……そんなわけないか。

お笑い芸人のずん飯尾和樹のネタである。現実から目を背け、安易に暮らせないものか。そんな誰もが一度は思い抱いた気持ちを彼はうまく代弁する。

この現実逃避シリーズはほかにも「平日の昼間からゴロゴロゴロォゴロゴロ。あ～あ、ミスチル一人募集しねーかな」、「平日の昼間からゴロゴロゴロォゴロゴロ。あ～あ、ここ二、三日のうちにスピルバーグ監督の目に止まんねーかな」など人間のなまけ心を絶妙にくすぐる。

私自身も彼のネタを聞いて「あ～あ、酒の本をここ数年で二冊書いたのだから、サントリーか宝酒造がただ酒でも飲ましてくれないかな」と夢想したものである。

だが、考えてみれば、何十万部も売れなければそんなことは起きないだろうし、そもそも書籍のタイトルが『人生で大切なことは泥酔に学んだ』、『政治家の酒癖』である。全くもって酒のイメージアップに貢献していない。万が一、酒類メーカーの関係者が私の書くものを認識していても、「泥酔する前に学べよ」、「酒癖、発揮しなくていいですから」といいたいところだろう。

嫌われることはあっても好かれることはない。

もちろん、自分が意図しなくても、思わぬ形で人生が切り開かれることはある。

例えば、「ハリウッドの女神」と称された女性のデビューのきっかけは陸軍の広報誌だった。工場で作業していた彼女を捉えた一枚の写真がハリウッドのスカウトの目にとまり、この偶然によってドローン（当時からドローンはあったのだ）の製造工場でプロペラを取り付けていたノーマ・ジーンは大女優への階段を上り始める。

「おまえ、マリリン・モンローを例に出すなよ」と突っ込まれそうだが、実際、世の中にはスポンサーという謎の存在をつかまえて悠々自適とまではいかないまでも食うに困らない人はいる。会社の社長がまだ芽が出ていない芸人や俳優を支援することは聞いたことがあるだろう。食えないけど夢がある。そうした人たちを支えるタニマチ（スポンサー的後援者の俗称）は昔からいる。ちなみに、タニマチの言葉の由来は明治期の大阪・谷町筋に、力士なら無償で診療する医師がいたためとされる。

歴史を振り返ればスポンサーを抱えて副収入をえていた有名人も少なくないが、意外な人物が樋口一葉だ。旧五〇〇〇円札の肖像画に描かれている明治時代の作家だ。近代の女性としてお札に初めて描かれた人物でもある。

薄幸の生い立ち

明治五年（一八七二年）生まれで、東京出身。明治時代の歌人、小説家である。本名は奈津。旧士族の家柄でもあり、小さい頃は生活に余裕もあった。上の下くらいの生活をしていたが、間もなくして父親が事業に失敗、苦しい生活が始まる。

明治一九年（一八八六年）に歌人の中島歌子に入門する。古典、和歌の素養を身につける一方、上流の子女との交流で格差を痛感したことが、後世の一葉文学の土壌になる。

同門の先輩田辺（三宅）花圃が「藪の鶯」で稿料を得たのに刺激され、小説家になろうと決意する。実家が没落し、何もない自分がカネを稼ぐには小説しかない。一葉にとって、当初、小説はカネを稼ぐ手段だったのだ。小説で稼ぐと決めた一葉は、朝日新聞の小説記者であった半井桃水に師事し、原稿料で生活する日を夢見て、創作活動に励むが才能が花開くまでには時間がかかった。

一葉が注目を集めるようになったのは死ぬ一年ほど前からだ。明治二七年（一八九四年）末から明治二九年（一八九六年）一一月までのわずか一四ヶ月で「大つごもり」、「たけくらべ」、「にごりえ」、「十三夜」、「裏紫」、「わかれ道」を執筆し、同月二三日に二四歳六ヶ月の短い生涯を終える。薄幸なイメージがつきまとうのはこの短命とは無関係ではないだろう。

私が一葉の幸の薄さを強烈に意識したのは曽祖父の法事の際だった。私の先祖代々の墓は東京の京王線明大前駅から徒歩五分強のところにあった。小さい頃によく行ったが墓地に入ってすぐのところに大きな墓があった。どんな偉大な人だよと思ったら、元首相の佐藤栄作の墓だった(今はもうない)。「へー、そんな有名人の墓もあるのか」と父親に尋ねると「ほかにもいるぞ」と教えてくれたのが一葉の墓だった。とても小さな粗末な墓だった。その粗末さが逆に存在感を放っていた。

一葉の人生は金策に奔走した人生といっても言い過ぎではない。

一葉は父親の死後一七歳で一家の大黒柱となり、窮乏生活を支えた。父親が事業に失敗し、家督を継ぐべき兄が死に、続いて父親が病没したからだ。もう一人の兄は勘当されて、家にいなかった。生涯に一四回も引っ越したのも、母や妹を養うために安い物件を求めて住居を移したからだ。

駄菓子屋を開業、繁盛するも閉店

一葉は一四歳から死の数ヶ月前まで日記を書いている。誰にカネをいくら借りたか、借金を頼んだかまで克明に記されている。そこからはいかに樋口家の家計が破綻していたかがわかる。

借金を断られても、来客があれば、鰻や寿司を振る舞う。カネがあれば浴衣や着物の帯を買う。なぜか、自分たちが困窮しているのに、困っている親類がいれば貸してしまう。カネが入っても右から左なので（それも借りたカネで）、暮らしは一向に上向かない。二〇円、三〇円（今の貨幣価値で六〇〜九〇万円程度）を苦労して借りても一ヶ月もたたずにほとんどなくなっていることも珍しくなかった。

そんなんだったら働けよと思うのだが、旧士族のプライドもあり、汗水は垂らさない。節約ができない。妹と母が内職を頑張り、母は夫（一葉の父）がかつて世話をした人たちに「昔、お金貸しましたよね……」と借金を頼みに行く。それでも貸してもらえなければ、「娘が作家になって稼ぎますから」と夢物語を担保に借りた。もちろん、一葉も借金を頼みに頼んだ。後半生の一葉の人生は本業＝借金の依頼といっても言い過ぎではない。

親類や父の代からの縁者から借り、師から借り、友から借りた。ときにはまず鰻を奢ってから、追いかけるように手紙で借金依頼をすることもあった。面と向かってはなかなか切り出せず、せめてものもてなしでというつもりだったが、相手からは断れなくするための手管とかえって嫌われることもあった。

〔『樋口一葉赤貧日記』伊藤氏貴、中央公論新社〕

一葉はこうした状況を打破するために、筆に賭けた。女でも作家になれば稼げる。母や妹が

内職に励む中、図書館に通い、机に向かった。

明治二五年(一八九二年)三月、「闇桜」が雑誌に掲載され、デビューにこぎつける。新たに新聞連載も決まり、上々の滑り出しだったが、ここで一葉に変化が生まれる。もう生きるために書くのはやめよう、書きたいことを書いて名を残そう。カネのために読者に迎合したくないと思い始めるのだ。注文があるのにまともに書かない。〆切があっても納得がいかないと書き終えない。当然、母や妹は「あんた、私たちに働かせといて何なのよ」となる。筆で稼ぐために、たらたらしていても我慢していたのに、いざ稼げそうになったら、イヤだといいだしたわけだから怒りももっともだろう。働かないし、ほとんど書かない。こう聞くと樋口一葉のイメージも大きく変わるのではないだろうか。

カネのために書きたくないといっても、書かなければ生活は変わらない。この頃、検事との縁談も断っている。稿料で食う手段を放棄した今となっては、生計を立てる別の手段を考えなければいけない。家族三人食べられるだけの収入を何とか確保し、書きたいことを書こう。そこで、「小さな商いなら私でもできるはず」と吉原遊郭近くで雑貨屋を始めた。開業資金ももちろん借金だ。どんだけ引っ張れるんだと思うのだが、この頃になると借りられるところから借りまくっていたので、借金だけでは足りず、着物などを売り払い、何とか資金を確保した。この店、意外なことに客は入った。ただ、一年も続かなかった。というのも、雑貨屋として開業したものの実体は駄菓子屋で客のほとんどが子どもだったのだ。一日の売り上げは、四〇銭から六〇銭でこれは今の貨幣価値ならば、一万円から一万五〇〇〇円ほどだったという。月の売り上げとなると毎日休まず働いて一二円から一八円。ここから仕入れ代金や家賃を引くと残るのは今のお金にすると一〇万円にも満たなかったとか。当然、生活は成り立たず、一〇ヶ月弱で店をたたむ。

この時期は一葉は小説をほとんど書いていない。貧乏暇なしではないが、儲からないけれども、忙しすぎたのだ。だからといって、この雑貨屋の経験は、無駄にならなかった。駄菓子を買い求める子どもたちの親は吉原遊郭の関係者だ。一葉の生まれからすれば、本来は交わることのない世界だった。そうした人々と触れ合うことで、作品に奥行きが生まれた。吉原遊廓の風物や四季の移りかわりを背景に遊女となる運命の少女を描いた「たけくらべ」がわかりやすい例だろう。当時の女流作家は恋愛をテーマにする場合がほとんどだったが、それは物を書ける女性は生活苦とは無縁だったからだ。想像すら及ばない世界を一葉は幸か不幸か体感せざるを得ない環境だった。現代の私たちは一葉が貧しかったことに少し哀れみを感じるが、それは違う。貧乏だったからこそ一葉の文学は生まれ、今なお光るのだ。

スポンサー獲得に奔走

一葉は小商いに見切りをつけたが、当然ながら、状況が改善されるわけではなかった。むしろ悪化していた。すでに親族や友人からはカネを借り尽くし、質屋に入れるものもない。だからといって、読者に迎合するような作品を書く気は毛頭ない。そこで、一葉は考える。「そうだ、カネがなければあるところから借りてくればいいではないか」。いややや、明らかに間違っている。働けよと思うが、一葉には時間がなかった。父も兄も従弟も結核で亡くしていたため、自分の命も長くないことを悟っていたのだろう。実際、すでに体調が優れない日も増えていた。

何をしたかというと全く見知らぬ人にカネを借りに行った。新聞広告を見て、「こいつはカネを持っている」と足を運んだのだ。人間、追い込まれるとなんでもできる。

明治二七年（一八九四年）、観相家である久佐賀義孝の新聞広告を見て、久佐賀のもとに出向く。そこで、一葉は「相場にガツンとぶち込みたいんで、原資となるお金を貸してください」と頼み込む。おい、いくら働きたくないといっても相場かよ、門前払い必至だろ、とどう考えても正気の沙汰ではないのだが、なぜか、初対面での対話は四時間もつづいた。類は友を呼ぶのか。結局、その日に、カネを引き出せなかったが、以降、借金を頼み続ける関係になる。というのも、久佐賀は一葉に関心を抱き、「妾にならないか」と持ちかけたからだ。一葉はのらりくらりとかわし、少しずつだがカネを引き出したようだ。長くつらい困窮の日々が一葉をしたたかな人間に変えたのだ。一葉はその年の暮れには、さらに大胆な一手を打つ。一〇〇〇円（現在の二〇〇〇万円以上）の借金を依頼する。大して親しくもない相手に「一〇〇〇円貸して」とはものすごい度胸である。当然、久佐賀は断るが代わりに月々一五円を提示し、妾になる交換条件を改めて出す。一葉はこの申し出を断り、「ちっ、こいつからは引っ張れないや」と思ったか知らないが、代わりに、当時の人気作家の村上浪六に接近する。もちろん、会ったこともない。破れかぶれというかちょっと怖くて、旧五〇〇〇円札の肖像画をまともに見る自信がない。津田梅子に感謝である。

久佐賀に接触後、一葉の文学には作品に「性」のにおいが垣間見られるようになる。一葉が次々に話題作を生み出したのは久佐賀に接触した時期とも重なる。

死のリアルが彼女を突き動かし、捨て身のスポンサー探しにもつながったと考えれば合点がいく。自分の作品を世に送り出すには時間は残されていない。執筆に打ち込むために生活の後ろ盾が必要だ。相場に手を出そうとしたくらい切羽詰まっていたのだ。その足掻きが、必死に生きる下層社会の人々を切り取った。彼女は死ぬ直前に話題作を連発すると新聞社や出版社から専属作家の誘いも届いたが、断る。結果的に、彼女は自由に書くことを貫いたが、その代償として貧乏だった。その環境が夏目漱石や森鷗外など知識階層が触れられない世界を描かせ、後世まで語り継がれる作品を残せたのだ。

人生は才能か運かといわれればいうまでもなく運だ。
どんなに才能があっても運がなければ日の目を見ない。

数年前のイグノーベル賞で改めて運の重要性が指摘されたことを覚えている人もいるだろう。これは「成功するには才能は全く関係ありません。運です」という身もふたもない結論だ。「じゃあ、何もしなくていいじゃん」となりかねないが、そうではない。ゴロゴロしていてもヤンキースのスカウトは来ないし、ミスチルには入れない。才あるものも、ゴロゴロ寝ていては何も転がってこない。もがき苦しみ、捨て身でスポンサー探しに走り、一葉は人生の最晩年に運をつかんだ。志を貫き文学で名を残した。二四歳の死から学ぶことは多い。

ジャン＝ジャック・ルソー

人たらしのインフルエンサー？

Jean Jacques Rousseau

［思想家］

ジャン＝ジャック・ルソーといえば「社会契約論」である。世界史や思想史が好きならばもう少し突っ込んだところまで知っているかもしれないが、多くの人は「社会のテストでルソーと出てきたら、啓蒙思想とか社会契約論とか書けばいいよね」くらいの印象だろう。

当然、多くの人はルソーが何者であるかなどに想像を膨らますことなどなかったはずだ。「啓蒙思想の人だから思想家なんでしょ」と思われるかもしれない。だが、実は思想家としてひとくくりにできないのがルソーの面白さである。彼は本業が何かよくわからない。今でいうならば何が何でも有名になりたいインフルエンサーだったといってもいいすぎではない。

キャリアスタートは音楽家

実際、ルソーが世に出ようとしたのは思想家としてではなかった。音楽の分野だった。一七四二年、科学アカデミーで音楽の「新記号案」を発表する。アカデミーと聞くと現代の学会を思い浮かべる人も多いだろうが、もう少し分野横断的で知識人や芸術家の登竜門のような存在だった。ここでルソーは音楽の五線譜の煩雑さを解消するための数字譜の提案をするが、ほとんど反響がなかった。この論文は出版にこそ至ったがルソーが望むような称賛は得られなかった（ちなみに、ルソーはその後もオペラの作曲など音楽活動を終生にわたって継続することになる。活動範囲も、作曲、写譜、教育、指揮、演奏、理論研究、評論など多岐にわたった）。

華々しいデビューに失敗したルソーだが、細々と音楽に関する活動を続けた。有名人になる野心を捨て去ることはなかった。そして、一七五〇年に（一七四二年の発表とは別の）アカデミー主催の懸賞論文に応募し、見事受賞する。この論文は、ざっくりいうと「学問や芸術に走りすぎると人間はダメになる」という内容だった。啓蒙主義の時代潮流に背を向けたことでパリの知識人界隈を沸かせた。ルソーついにデビューである。現代ならば、微妙なミュージシャン崩れが世の知識人を嗤うような批評でデビューを飾ったわけだ。

現代でもちょっと尖った音楽家がインテリを批判することはよくあるが、ルソーの場合は事情がちょっと異なる。というのも、「おまえがそんなことをいうなよ」と突っ込みたくなる環境に彼は身を置いていたのだ。

どうしても有名になりたかった彼はアカデミーでの発表がうまくいかなかった後、パリの知識人や富裕層と交流を温めていた。そして、いつまでもプラプラしているわけにもいかないので、その伝手で職を得て、富裕層の秘書におさまった。当時の秘書は富裕層の暮らしに彩りを与える芸術家のような役割だった。作曲したり、戯曲をつくったりして、ルソーの言うところの「人を堕落させる営み」に積極的にかかわっていたというよりも食い扶持にしていたのに、「そんなことしているとダメになる」と切り捨てたのだ。

矛盾まみれの人生

この矛盾こそがルソーの面白いところだ。彼の生涯につきまとうのが「矛盾」の二文字なのだ。

ルソーは後年、教育論『エミール』を記す。少年の成長を描いたこの本は「子どもの発見」の書とされている。「子どもは前からいるだろ?」と思われるかもしれないが、ヨーロッパではそれまで、「子ども」という概念がなかった。子どもとは「小さい大人」、「若い大人」であり、七歳くらいで両親から引き離されて大人のなかに入り、仕事や遊びを共にすることで「小さい大人」から「大人」に成長すると考えられていた。

ルソーはこの『エミール』でも「おまえがいうなよ」と突っ込みどころ満載の主張をつづる。例えば、「父としての義務をはたすことができない人には父になる権利はない」と理想の父親像を論じているのだが、ルソー自身は自分の五人の子どもを五人とも孤児院に送り込んでいる。一八世紀後半のフランスは人口が爆発的に増加したため新生児の四割が孤児院に捨てられたとの指摘もあるが、「教育論を語る人間が子どもを捨てるなよ」と誰もが突っ込みたくなるはずだ。実際、ルソーはこのことを隠しもしなかったが公言もせず、晩年になり、意見が衝突していたヴォルテールに「あいつ、あんなに偉そうなこと語っているけど、子ども全員捨てたんだぜ」と暴露される。

ルソーに同情するとすれば、第一子や第二子が生まれた頃、彼はまだ世に出ていなかった。

いわばミュージシャン志望のほぼ無職だ。昔の二時間ドラマならば確実に内縁の妻に刺殺されるような存在だ。その後、ブレイクして「あっ、ヤバい、捨て子の件どうしよう」と焦りそうだがルソーはやはり常人でない。彼はこの捨て子の件について後に「みんながそうしているからそうした」、「子どもにも自分にも最善の方法だと思った」、「私も孤児院で育てられたかった」と弁解している。「何言っているんだよ、大丈夫かよ」と突っ込みたくなるが、ルソーは本気で「孤児院、最高」と思っていたとの指摘もある。いずれにせよ、有名になってから生まれた子供も孤児院に送られている。

芸術家や物書きは作品で評価すべきとの意見は今も根強い。人間性は関係ないではないかと。だが、どうだろうか。子どもを全員捨てる人の教育論と聞くとジャン＝ジャック・ルソーに興味が湧くのは私だけだろうか。教科書に出てくるよくわからない思想家がとんでもなく変わった人と知ることで、作品についても興味が増すのではないだろうか。人間ルソーに焦点を当て始めると、「そもそも何で秘書していたの？　音楽やったり、論文書いたり、なんでもできるの？」、「どこかのお坊ちゃんなの？」などと色々興味も湧くだろう。

「人たらし力」で生き延びた

年表をさかのぼると、ルソーのデビューは非常に遅い。懸賞論文で受賞し、一躍時の人になったとき一七一二年生まれの彼は四〇歳手前だった。不惑近い無職の人が一躍脚光を浴びたのだ。最初にアカデミーで発表した時ですら、アラサーだ。若くない。それだけに、彼がそれまで何をしていたか気になるところだが、もちろんまともに働いていたわけではない。プラプラしていたのだ。特に身分が高い家の出身でもないのに、プラプラしていたのだ。

一七一二年、ルソーはジュネーヴに生まれる。父親は時計職人、母親はルソーの生後間もなく亡くなっている。父親が本を読むのが好きだったこともあり、幼い頃から本に親しんだことがルソーの将来に影響したのは間違いなさそうだ。

彼の人生が暗転するのは一〇歳の頃。父親が喧嘩騒ぎで逃亡してしまい、天涯孤独の身となる。親戚によって色々なところに預けられ、たらい回しにされ、丁稚奉公に出された彫刻師の元では殴られまくる。ある時、門限に遅れそうになり、「もう、タコ殴りにされるのは嫌だ」と戻らずに出奔する。カネも知識もスキルもない一六歳にも満たない若者が放浪の旅に出たのである。ロールプレイングゲームのような展開だが、史実だ。ここからパリの知識人たちをあっと言わせるルソーの姿は全く見えてこない。

何者でもないルソーが生き延びて何者かになりえたのは、のちにパリでも発揮する「人たらし力」にある。食うのに困ったルソーはまずカトリックに改宗する。別に信心深かったわけでも思想があったわけでもない。改宗することで教会からの施しを受けられるようになり、ライフラインを確保したかったのだ。生命力の高さに驚かされるが、これでは飢え死にしないだけで先は見えている。

ルソーの人生を決定づけたのは、後のフランスのサヴォアで貴族の未亡人と出会ったことだ。一七三一年、出奔から約三年が経っていた。未亡人の邸宅に転がり込み、出たり入ったりしながらも、三〇歳近くまで庇護をうける。「未亡人が孤独な若者を助けた」と思われるかもしれないが、現代でいうならばルソーは未亡人のヒモみたいなものだ。実際、二人は肉体関係にあった。

この出会いがルソーのその後を形作る。邸宅の文化資産によって彼は幅広い知見を身につける。まず、音楽に夢中になり、その後に学問や文学にのめりこむ。邸宅の図書室にはギリシャ、ローマの古典から近代の哲学、文学、自然科学と様々な本が蔵書としてあった。当時、ルソーがどのような本を買っていたかの記録も残っており、新聞や話題書から数学の本まで貪欲に知識を吸収していたことがうかがえる。学校教育を受けずに独学で彼は自分の世界観を構築する。

ルソーの幅広い知識はアウトプットからもわかる。彼はデビュー後、自分の思想をあらゆる形で表現した。一七六一年には書簡体の恋愛小説『新エロイーズ』を刊行し、これが大ヒットとなる。貴族と平民の恋を描いた話で、一八〇〇年までに七二の版を重ね、一八世紀フランスの最大のベストセラーともいわれている。

本来ならば、ここからルソーは作家、思想家としての黄金期を迎えるはずだった。大ヒットの翌年の一七六二年四月に『社会契約論』、同年五月に『エミール』を刊行する。

ルソー本人にしてみれば、大ヒットを飛ばした後だけに期待も当然大きかったが、これが売れる、売れないの問題ではなく、「こんな本はけしからん」と焚書にされてしまう。

発狂の晩年

確かに当時の政治的価値観からすると『社会契約論』は受け入れがたいものであった。ルソーは同書のなかでこう唱えた。「人間は本来自由な存在であるのに、多くの人が奴隷状態にあるのはおかしい。国家が不当な暴力を振るうのであれば、市民は新たな社会をつくり、新たな契約を結ぶべきだ。特権政治や教会なんて糞くらえ、革命だ」。現代から見てもちょっとヤバい内容なのはわかるだろう。おまけに、前述したように『エミール』でも、当時の宗教観と全く違う考えを提示したものだから、「あいつをどうにかしろ」となり、逮捕状まで出てしまう。フランスにいられなくなり、国外逃亡の憂き目にあい、故郷のジュネーヴに戻るも、ここでも逮捕状が出て、市民権すら剝奪される。大ヒット作家から一転、国をまたいだお尋ね者となったわけだ。万事休すと思われるかもしれないが、ここでルソーを救ったのが、ベストセラー作家としての人気とそれまで培ってきたネットワークである。ヨーロッパを転々としながらもファンの貴族や知識人にかくまってもらう。その後も退去命令が出るなど流転の日々を送り、まるで国外逃亡したYouTuberのような暮らしを強いられるが、最後はフランスにこっそり舞い戻る。偽名を使い、約一五年にわたり、逃亡生活を続けながらも『告白』などの著作を世に送り出している。

ちなみに、この『告白』は自身の半生をつづった自伝である。自伝というと著者が格好つけて話を盛って記述されることも少なくないが、同書は赤裸々過ぎてこちらが恥ずかしくなる内容になっている。

例えば、小さい頃に折檻されてももっと叩かれたいと思ったとか、叩かれたいから街中で若い娘にみだらな姿をさらしたとか、自らの異常性格をこれでもかと晒す。近年、ネット上で「ルソーは実は露出狂の変態だった」とネタにされているが、この本が元ネタである。

ルソーは「変態な俺を知ってくれ！　もっと辱めてくれ」といいたかったわけではない。彼はわけもなく涙を流すなど精神的に不安定だったが、それが年を重ねるごとに悪化した。本人も自覚しており、書くことによりそれを克服しようとしていたのだ。『告白』だけでなく、晩年には『ルソー、ジャン＝ジャックを裁く』などで自分の異常性を客観的に分析しようと試みていることからもそれはわかるが、皮肉なことに被害妄想は年々ひどくなっていった。悪意や中傷が彼の周囲には常に渦巻いており、それに対して彼が躍起になって、反論すればするほど世間は反発する。それにまた反論する、の繰り返しは彼をひたすら疲弊させた。

原稿が印刷される前に改ざんされるという妄想にまで取りつかれ、切羽詰まった彼はノートルダムの祭壇に印刷前の原稿をささげようとしたが祭壇の周りには柵があった。通常ならば「ああ、ここは入れないのか」と思うだろうが、ルソーはその柵すらも敵の謀略であるとみなし、「俺の行動を潰すためか」と発狂するほど重症だった。こうした異常行動からルソーが亡くなった時には自死を選んだとのうわさも流れたほどだ。

彼がどのようにして世に出たかに焦点を当てて駆け足でみてきたが、どうだろうか。教科書に出てくる「社会契約論」の人というイメージが変わったのではないだろうか。ルソーはどうすれば売れるかを常に考えていた非常に現代的な人であった。

思想家というよりは何とかしてメジャーになりたい人であり、四〇過ぎまでプラプラしていた露出狂でもあった。それが世紀の大ベストセラー作家になり、望み通り高名になるも、それから数年で人生が暗転してしまった。晩年は決して恵まれていたわけではないが、彼の思想がフランス革命に大きな影響を与えたのは今では多くの人が知るところだろう。

彼は「職業ルソー」といえる存在であった。正業が副業であり、副業が正業でもあった。彼がいかに多才であったかは私たちの暮らしに今でもルソーが身近なことからもわかる。

音楽家として立身出世を目指しただけに、確かに才能はあったのだろう。誰もが幼少期に口ずさんだことがある童謡「むすんでひらいて」はルソーの作曲である。

ケネディ一家

Kennedy family

【政治家】

勝てば官軍
負ければ

「勝てば官軍、負ければ賊軍」

戦いに、勝ったほうが全て正しくなる。戊辰戦争の際の薩摩・長州軍と幕府軍の戦いから生まれた言葉で、明治維新以降、実際に討幕派の薩長と対立した会津に対する差別が厳然と存在したのは有名だ。国定教科書にも改訂運動が実る昭和初期まで「官軍に手向かった」などの敵対的表現すらあった。

この言葉が流布したのも、世の中の大半の争いは、勝てば何とでも理屈がつき、敗者はひたすら冷遇される本質を多くの人が見抜いていたからだろう。政治の世界もビジネスの世界も歴史は勝者によって後世につくられる。

光と闇の「ケネディ王朝」

ケネディ一家はアメリカで最も有名なファミリーで、これほど一族で多数の政治家や高官を輩出した例はない。ジョンが第三五代大統領であることは広く知られているが九人きょうだいの男四人のうち、早世した長兄を除くと残りの二人も有力大統領候補になっているから恐れ入る。

ケネディ一家はメディア戦略に長けていたこともあり、時に「米国のロイヤルファミリー」とも呼ばれてきた。現代から見ると、由緒正しき伝統のある一族に思えるかもしれないが、内情はその真逆だ。

カネの力で黒いモノを白く、白いモノはもっと白く見せてきたのがケネディ一家だ。二〇世紀のアメリカで勝てば官軍を体現した一族といっても過言ではない。

「ケネディ王朝」とも呼ばれるほど栄華を誇ったが、王朝の歴史は意外にも浅く短い。全ては王朝の創始者であるきょうだいの父ジョセフとともにあった。彼のビジネスの拡大とともに王朝は全盛期を迎え、彼の肉体的な衰えとともに求心力を失っていった。

ジョセフの経歴は一見華やかだ。ハーバード大学を出て、銀行業に従事、株取引を通じて財産を築き、造船業や不動産業にも手を広げる。

といっても、ハーバード大は成金の父親のカネの力によるコネ入学だし、株取引は今でいうインサイダー取引だ。当時、インサイダー取引は違法ではなかったが、グレーであり、まともな実業家は手を染めなかった。

禁酒法時代にブイブイ言わせた

目的のためには手段を選ばない。儲かると思えば本業そっちのけで資金を投じ、さらに潤沢な資金を手に入れる。その象徴的な行為が酒の密売の「副業」だ。

一九二〇年一月一六日、アメリカで愛飲家達にとって悪夢のような法律が施行された。禁酒法だ。英国の首相であるチャーチルが「人類に対する侮辱」と語った奇妙な法律だが、この法律はおそらく現代の多くの人のイメージとは違う。

表立って酒が飲めないため、「ギャング達が酒をつくり、路地裏の会員制のバーで人目を盗むように酒を楽しんだ光景」を想像するかもしれないが、全く異なる。多くの人は普通に飲んでいた。

この法律は、所持や飲むことはそもそも禁じていない。あくまでも製造、販売、輸送を禁じただけであった。だから、家で飲めば問題なかったし、自宅でなくても会員制のクラブや宗教団体で飲むことも可能だった。

もちろん、販売は法が施行されると禁止されたので、人々は施行前にある行為に走った。買いだめだ。施行の数週間前からは酒屋に行列ができ、数年分を買いだめる者も少なくなかった。いつの時代でもどこの国でも大衆の想像力は変わらない。

とはいえ、製造が禁止されていてはいつか酒が尽きる。そこで横行したのが密売だ。

ジョセフは禁酒法の時代には酒の密輸でぼろ儲けし、禁酒法が解禁されるや、それまでの密輸ルートをいかして、堂々とスコッチの輸入をとりまとめて合法的に市場を一気に手に入れる。

その後は映画産業にも進出し、一代で米国有数の億万長者にのしあがる。ちなみに、息子のジョンはマリリン・モンローと男女の仲にあったが、ジョセフも当時の大女優グロリア・スワンソンを愛人にしていた。親子の血は争えないのか、英雄は色を好むからかは知らないが。

カネならいくらでも積む

ジョセフは違法行為の積み重ねとはいえ成功者となると、異なるフィールドでの成功も夢見るようになる。次第に政治への野望を隠さないようになり、大統領になる夢にとりつかれる。そして、フランクリン・ルーズベルトへの多額の選挙資金の援助の見返りに英国大使のポストを手に入れる。外交の経験はないどころか「歴史や政治の知識もない金持ち」と陰口をたたかれながらも、本人は意に介さず、大統領への第一歩と意気揚々に英国に渡る。

英国大使は本人にとっては大統領への橋頭堡になるはずだったが、戦時中の親ナチス的な発言で、煙たがられるようになる。飛行機乗りのチャールズ・リンドバーグと仲が良かったが、リンドバーグはゲーリングから勲章を貰うなど、親ナチスだった。

戦後は戦中の親ナチスが仇となり、政治家としての芽がつまれる。それ以降、ジョセフは自分の夢を息子達に託す。「財産はある。女性にもモテる。あとは自分が果たせなかった表舞台での権力欲を満たすだけだ」。資産は膨らみ続け、一九六〇年頃の資産額は二〜四億ドル（当時の日本円で七二〇億〜一四四〇億円）ともいわれた。六〇年四月の雑誌『フォーチュン』ではあの富豪の象徴というべきロックフェラーと同じ資産規模に位置づけられていたことからも、その金満ぶりがわかるだろう。

「ケネディ家に二番は要らない。一番になれ」。我が国の某女性元議員が聞いたら卒倒しそうな台詞を吐き続け、厳しく育て、その夢を実現させる。ジョセフ流の「英才教育」はすさまじく、子供たちの交際相手の身辺を探偵に調査させるのは日常茶飯事だったし、次男ジョンのハーバード大の卒論は有名ライターが手直しし、出版までされている。

選挙に立候補するとなれば、マスコミや関係者、時にはライバルまでも札束でひれ伏させせる資金工作は他を寄せ付けなかった。息子を大統領にするためにはいくらでもばらまくと仲間内で語っていたため、政界からも批判は噴出していた。実際、一人に一〇〇〇ドル（三六万円）ずつ配りまくった方法は褒められたものではなかったが、「大統領になれ」といって、実現させてしまうのだから凄いの一語に尽きる。

もちろん、カネだけでなく選挙戦にも長けていた。映画産業に携わってきた背景もあり、自分たちがいかに映るかを知り尽くしていた。広告代理店やPR会社が先導する選挙戦略の先駆けでもあった。

華麗なる一族の転落

だが、ジョセフにとっては、次男ジョンが大統領になったときが人生の頂点だった。その後、ジョセフの夢は急速にしぼむ。一九六三年にジョンは暗殺され、三男のロバートも六八年に大統領選の最有力候補として予備選の遊説中に凶弾に倒れる。残された末弟のエドワードが「期待の星」になるが彼はプレッシャーから酒に溺れ、六九年七月にマサチューセッツ州のチャパキディック島で飲酒運転疑惑事故を起こす。

前年に暗殺された兄ロバートの大統領選挙スタッフであった女性とパーティー会場を抜け出し、海岸沿いを運転中に転落する。エドワードは助かるが、女性は死亡する。単なる転落事故ならば、すぐに警察を呼べばよいものを、通報したのは十時間後だったため、疑惑が疑惑を呼ぶ。

すでにこの時、ジョセフは脳卒中による半身不随で病床にあり、言葉を発せられなかった。同年一一月に死去する。

この事件が決定打となり、エドワードは出馬が有力視されていた一九七二年の大統領選挙への出馬を断念し、兄弟での大統領誕生の夢は潰える。

エドワードは大統領の道が潰えて以降、リベラル派の重鎮としてマイノリティーの地位向上に尽くした。黒人初の大統領であるオバマ政権誕生の土壌を整えたと評価する向きもある。

ただ、華麗なる一族の転落は一族の絶対的存在だったジョセフの死後、歯止めが利かなくなる。暗殺されたロバートの次男は八四年に薬物の過剰摂取で死亡、三男も九七年にスキー場で滑走中に事故死している。ジョンの長男で後継者として期待もされたジョン・ジュニアも九九年に自家用機で墜落死している。あまりの悲劇にジョセフの禁酒法時代の密売におけるマフィアとのつながりを指摘する声も少なくないが確証はない。ジョセフのなりふり構わぬ手法は敵が少なくなかった。いずれにせよ、割のいい「副業」にはリスクがつきものなのかもしれない。

禁酒法時代の、ワルい「副業」

ジョセフと同じように、禁酒法下に不法行為の「副業」に手を染めながら、後に世界的な大企業をつくりだした者もいる。高級ウイスキーのシーバス・リーガルの販売会社シーグラムの経営者だったサミュエル・ブロンフマンだ。

シーグラムは今では売却され（ブランドは仏酒造メーカーが継承）たが、一時期は世界最大の酒造メーカーだった。

ブロンフマンは一九二八年、カナダのモントリオール市でシーグラムを設立する。同じカナダの酒造メーカー「J・E・シーグラム」を買収してのスタートだった。そして、会社設立後、二〇年足らずで自社を世界一の酒造メーカーに押し上げる。

もちろん、ブロンフマンや一族の企業家としての手腕もあった。例えば流通では、製造から販売までの一貫体制を取り入れた。当時、米国の酒造メーカーはウイスキーを樽で売り、それを二次メーカーが瓶詰めして小売りに出荷していた。一貫システムに変えることで業界に品質管理の概念を持ち込んだ。他にも企業買収を重ね、石油やガス開発など「副業」にも積極的に手を広げた。一九六〇年代初頭にはメキシコ湾岸に石油などの鉱区を持つテキサス・パシフィック・オイルを総額二億五〇〇〇万ドル規模で買収。その後の石油危機による資源価格の高騰でシーグラムに多大な利益をもたらす金の卵となった。

ただ、こうした事業展開も原資があって初めてできる。その原資をどのように確保したのか。

ブロンフマンが蓄財したのは禁酒法下だった。

ブロンフマンはこの時期に「逆輸出」することで大もうけした。禁酒法が施行されたことで米国の酒造メーカーの倉庫には大量の在庫が積み上がっていた。彼らはこれを隣国のカナダで処分しようとしたが、ブロンフマンはそれに目を付けた。大量に買い上げ、それを水で薄めて量を増やして、再びアメリカに送り返した。送り返すといっても、完全に違法である（そもそもカナダにも禁酒法があったが、米国以上にザルでいくらでも抜け道があった）。

当時、密輸には大きく二つの方法があった。海上と陸上である。

大西洋に面したアメリカ東部は海上ルートが主だった。海岸から五キロ程度離れた国際水域に船を停泊させ、密輸用の酒の保管庫にした。そして、岸から近寄ってきた小舟に酒が積み込まれる。バレバレだが、沿岸警備隊に賄賂を払っているので捕まらない。夜な夜なランプをともした多くの小舟が集まり、「大都会の夜景のようだ」とうっとりする人もいたそうだ。

一方、アメリカ西部は海に面していないので陸上ルートを使う。ブロンフマンもトラックなど車で運んだが、海上輸送に比べ、狙われやすい。当局にではない。密造酒を盗んで転売しようとする輩達にだ。

そこで、ブロンフマンはトラックのバンパーに鎖をつなぎ、走行中に砂埃が舞うようにした。追っ手は、視界が遮られ、まともに運転できない。狙いは奏功し、走行中に車を止められるようなことはほとんどなかったという。

そして、国境付近でアメリカ側の取引先に引き渡した。取引相手といっても、機関銃を片手にしていたというから、いかに危険な商売だったかがわかるだろう。有名なマフィアのアル・カポネはブロンフマンのネットワークの売人の一人に過ぎなかったとの指摘もある。

リスクを恐れなかったブロンフマンは禁酒法下で着々と基盤を固め、一九三三年に禁酒法が解かれると、米国市場に正式に打って出る。それまで、米国のウイスキー市場はライ麦を原料にしたライかトウモロコシを材料にしたバーボンだった。そこにブロンフマンは安価なブレンドウイスキーを持ち込む。密造酒になれた米国人にはこれが受けに受け、世界的大企業への階段を駆け上がることになる。

シーグラムの成功は禁酒法時代の愚連隊さながらの行為によるものであることは否定しようがない。「副業」というより「脱法行為」でしかない。「脱法して成功者かよ」と突っ込みたくなるが、成功者によって歴史は隠されるし、時にはねつ造される。

ちなみに、シーグラムは「副業」によって身を亡ぼす。サミュエル・ブロンフマンの孫が本業そっちのけで、副業に必死になり、一九九〇年代にメディア事業に進出する。ユニバーサル映画などを傘下に持つＭＣＡ、レコード会社のポリグラムを買収するが結局は酒造部門、娯楽部門と分割され、いずれも売却されることになる。「天網恢恢疎にして漏らさず」といいたいところだが、一族のドラ息子の放漫経営という見方が支配的だ。

カネがなければもらえばいい

第4章

フィンセント・ファン・ゴッホ

Vincent van Gogh

【画家】

「不遇の天才」を支えた弟テオの生涯

ゴッホといえば作品の高額取引が有名だ。バブル期には海を越えて日本にやってきた作品もあり、「ひまわり」は昭和六二年(一九八七年)に安田火災海上保険(現損保ジャパン)が、約五三億円(当時の為替換算)で落札した。一枚の絵の取引としては当時の最高額だった。これは日本の企業や個人が海外の絵画を買い漁る先例となり、平成二年(一九九〇年)には大昭和製紙(現日本製紙)の名誉会長だった斉藤了英がゴッホとルノワールの二作品を計二四四億円で買い取った。斉藤は「死んだら絵を棺桶に入れてくれ」と語り、顰蹙を買った。それはそうだろう。斉藤は一緒に棺桶に入りたくても、二つの絵画はまっぴらごめんなはずだ。

ゴッホは生前に全く評価されず、死後に作品が売買されるようになったと長らくいわれてきた。生前に売れた作品は自殺する一八九〇年にブリュッセルの「二〇人展」に出品した「赤いぶどう畑」(四〇〇フラン)一点のみ。世間的な成功を目指さず、絵を描き続け、精神に異常を来たし自殺したという「伝説」が絵画の評価を高める一因にもなった。

だが、少し考えればわかるが、画家も霞を食って生きているわけではない。作品が売れて、注文が途切れなくなることで画材も買え、絵を描き続けられる。絵が売れなければ他で生計を立てて描くしかない。作品が売れなかったゴッホは果たしてどうしていたのか。

気ままな高等遊民?

ゴッホは一八五三年、ベルギー国境に近いオランダの小村で牧師の子として生まれる。中学を卒業した六九年に伯父のつながりで画商グーピルのもとで働くが七六年に解雇される。その後、語学教師、書店、伝道師の職に就くがいずれもうまくいかなかった。幼い頃からデッサンが好きだったこともあり、八〇年に画家の道を決意し、ブリュッセルの美術学校に入学する。エッテン、ハーグ、アントウェルペンなどを転々としながら農民を題材にした作品を描く。八六年にパリに出て、ピサロやゴーギャンらと知り合い、影響を受ける。八八年二月アルルに移る。翌年五月までのアルル時代に「アルルの跳ね橋」、「ひまわり」など代表作品が生み出される。同時に死の影が濃くなる。八八年秋から始まったゴーギャンとの共同生活はわずか二ヶ月あまりで自らの耳を切り落とす「耳切り事件」で不幸な結末を迎える。それ以降、精神の不調が続き、九〇年七月にピストルで自殺する。

駆け足でゴッホの一生を紹介したが、高等遊民ぶりが凄い。あなたの周りにいたとしたら、ちょっとビビるだろう。職を転々として、どれも長続きせず、三〇歳近くになり、「俺は絵描きになる」と宣言し、各地を転々としながら、商売そっちのけで絵ばかり描いている。絵描きを名乗っているけど、作品は見たことがない。間違いなく、町内会でニート扱いされているはずだ。

ゴッホの画業は二七歳から、自ら命を絶ったとされる三七歳までのわずか一〇年余りにすぎない。この間に油彩約九〇〇点、素描・水彩約一一〇〇点を残した。

単純計算すれば、二日に一枚を描いたことになる。人生最期の二ヶ月余りを過ごしたパリ近郊のオーベル・シュル・オワーズでは七〇点以上を仕上げている。平均一日一点を超す。なぜ、このような生活が成り立っていたのか、不思議に思うだろう。とてもではないが、画業以外の仕事をする暇があったとは思えないが、父親はしがない牧師だ。実家が「太い」わけでもない。結論からいうと、弟に支えられていたのだ。弟テオの存在がゴッホを絵描きとして存在させ続けた。

弟がパトロン

パリで画商だった四歳違いの弟テオは、オランダから出てきた兄を、精神面だけでなく生活面でも支えた。兄が二七歳の時から毎月一〇〇～一五〇フランを送金し、画材の調達や臨時出費もまかない、兄の画業を支えた。ほかの画家たちがどんな絵が売れるかに腐心して営業に奔走する中、ゴッホは弟のおかげで、絵を売ることは考えず、好きなものだけ描ける環境にあった。

ゴッホには、三人の妹リース、アナ、ヴィルと、二人の弟テオとコルがいた。その六人きょうだいのなかで、唯一良好な関係を築いたのがテオだった。

通説では兄思いの弟とこれまでテオは見られてきた。確かにそれは間違いない。自分の収入から毎月カネを渡すなど誰もができることではない。

それも決して少ない額ではなかった。ゴッホに支援を始めた頃のテオは二三歳、画廊に勤めていて月収は三〇〇フラン程度だった。

これは今の貨幣価値に換算すると四五万円から六〇万円と見られる。それなりの収入だが、その半分を兄の支援に費やし、兄以外の家族もテオが援助していた。彼の援助のおかげで末弟のコルは冶金関係の仕事につく講習を受けることができたとの記録もある。一家の家計はそれほどテオ頼みだったのだ。

テオはなぜそこまで兄を支援したのか。いい人過ぎるではないか。これが無償の支援ならば、神様、仏様、テオ様と崇め奉らなければいけないが、もちろん、裏がある。

当初はイヤイヤ支援していたテオだが、毎月の支払いと同時に兄弟は契約を結んだことが手紙のやりとりから類推できるという。彼らは兄弟でありながら、画家と画商の関係になったのだ。すなわち、ゴッホの制作する作品の所有権はテオが原則持つことになった。販売したり、展示会に出品したりはテオ次第で決まったのだ。

生前も評価されていたゴッホ

ゴッホが生前評価されなかったというのが死後につくられた神話であるのは現代では広く知られている。ゴッホはゴーギャンを始めとした画家仲間からは一目置かれていたし、メディアも注目していた。画家仲間たちはこぞってゴッホに絵の交換を求めたし、新聞のコラムに取り上げようとする動きもあった。が、絵の交換はともかく、ゴッホはメディアへの露出を拒絶する。とはいえ、拒否し続けられるわけもなく、晩年には気鋭の批評家が雑誌でゴッホ論を勝手に展開したこともあった。本来ならば喜ばしいことであり、普通の画家ならば「ついにニート、脱出だ」と感涙するだろうが、ゴッホは違った。

批評家への礼状に複雑な心境が垣間見える。

自分の今日があるのは、モンティセリの先例や、ゴーガンの導きがあったればこそだから、彼らについて触れていれば、あなたの批評はより強力なものになっていたでしょう、などと批評の批評を展開している。

［『ゴッホ　契約の兄弟　フィンセントとテオ・ファン・ゴッホ』新関公子、ブリュッケ］

素直に喜べよと突っ込みたくなるが、褒められても素直に喜べない。

一流の雑誌に気鋭の批評家がゴッホ一人を論じたのだから、その影響は計り知れない。有名になり絵が売れ裕福になることは、望んで励んできたことではあるが、いざその可能性が間近に迫ると、いかにも堕落するようでゴッホは嫌悪感にさいなまれた。それに画商の経験からして、画家の人気や値段が高騰するのは画家が死んだ時とわかっているので、有名になる時イコール死ぬ時、という強迫観念がゴッホを追いつめた。有名になりつつあることは、ゴッホにとってはいよいよ死期が近づいてきたことを意味するのである。

［同前］

いささか論理の飛躍もあり、この推論が正しいかはともかく、ゴッホが貧乏な無名の作家のまま一生を終えたとは言いがたい証左だろう。

それは本人も自覚していた節はある。死後に見つかったテオ宛に書かれた未投函の手紙には「そろそろ俺は死ぬ。俺の作品は価値があるから、一緒に作品に参加してきた君の出番だ。さあ、どうする」のようなことを書いている。この手紙自体は非常に回りくどい書かれ方をしていて解釈が分かれるが、常にへりくだっていたゴッホが自分の作品に価値があるのを自覚していた点は見逃せない。ゴッホが一部で注目を集めつつも、作品が売れなかったのは、売れなかったのではなく、テオが売らなかった可能性が高い。少なくとも積極的には売ろうとしなかったのは間違いない。そして、文面からはゴッホもそれは知っていたことがわかる。

なぜかゴッホを売り出さなかったテオ

画商であったテオは画廊に勤めながら、独立も見越し、「副業」に励んだ。限られた資力ながら将来性を見込んだ画家たち、ピサロやドガ、ゴーギャンの絵を個人名義で精力的に買い集めていた。ゴーギャンには毎月一枚の絵と交換に一五〇フランの仕送りをする提案もしている。おいおいどこにそんなカネがあるのだと思うだろうが、これは伯父の遺産が入ってきたからだ。

テオは買い集めた絵を機会があれば売り込んだが、兄の作品の売り込みには消極的だった。「ゴッホの絵は人気がなかったから」との指摘もあるが、売れようが売れまいが、売り込むことは問題ないわけである。毎月少なくない額を絵の代わりに払っているわけだから。それなのに売りこまない姿勢を貫いた。

実際、ゴッホが死んだ後のテオの動きをみると、生前の消極姿勢が浮き彫りになる。兄が一八九〇年の七月二七日に亡くなるや、八月半ばには展覧会の開催に向け、動き出して九月下旬にはパリで展示会を早くも開いている。「生きているうちにやっとけよ」と思うが、結局、死ぬまで出し惜しんだことが後のゴッホ伝説につながる。

ただ、亡き兄の売り出しに動き出したものの、テオには時間がなかった。三〇代前半ながら急速に認知症が進んだからだ。これは梅毒による末期症状なのだが、当時は梅毒によって認知症が引き起こされる認識もなかったし、そもそも梅毒が性病ということもよくわかっていなかった。治療薬の抗生物質が生まれるのは二〇年以上先の話だ。

梅毒は令和の日本で猛威をふるっているが、厄介なのは時に一〇年以上の潜伏期があることだ。初期は感染部位にしこりができたり、股のリンパ節が腫れたりするが、特に症状が出ないこともあり、治療をしなくても症状は自然に軽快する。

ただ、体内から病原体がなくなったわけではなく、血液によって全身に運ばれる。心臓や脳などの複数の臓器に病変が生じ、場合によっては死に至る。

テオが生きた時代は治療の術がなく、多くの芸術家が梅毒で命を落とした。ニーチェやシューベルト、ボードレールなども梅毒による死と見られている。

兄を支えた、弟の「副業」

ゴッホとテオは顔もそっくりで、耳の形の違いだけが二人を見分ける秘訣だったともいわれる。うりふたつのふたりは死期も重なった。ゴッホが亡くなった翌年の一八九一年、ユトレヒトの精神病院でテオは息を引き取った。兄より四歳若い、三三歳であった。

テオの思いは妻ヨハンナが引き継いだ。パリからオランダに引っ越した彼女は下宿屋を開き、ゴッホの絵を十数枚飾る。その後、九二年に展覧会を開くなど精力的な活動を続ける。一九〇一年にはパリでも広く知られる存在になっており、〇五年にヨハンナがアムステルダムでゴッホ展を企画した際には、すでに贋作が出回る存在になっていた。その後の作品価値の高騰ぶりは冒頭で見たとおりである。

兄は好きなだけ絵を描き、弟がサイドビジネスとして兄の生活を支援する。そして、兄の絵の価値を最大限に大きくする。弟の「副業」の才が兄ゴッホを美術史に燦然たる輝きを放つ存在にまで高めたといってもいいすぎではないだろう。

チャールズ・ダーウィン

Charles Darwin

［生物学者］

人類知に貢献した、
ひきこもりのボンボン

SNSで「副業」と検索すると「ラクして、稼げる」、「在宅でスキルがなくても月五〇万」などの文言が飛び込んでくる。個人的には、家にいながらスキルがなくてもラクして稼げる仕事って何だと興味は尽きずにクリックしたくなるのだが、「どいつもこいつも、今どきの若い奴は舐めているのか」とお怒りの人もいるだろう。ちょっと待ってほしい。これはSNS界隈の怪しいビジネスの宣伝と片づけることはできないのだ。

労働政策研究・研修機構が令和五年(二〇二三年)五月に発表した「副業者の就労に関する調査」によると、副業する理由(複数回答)は、「収入を増やしたいから」が五四・五%でもっとも割合が高く、次いで「ひとつの仕事だけでは収入が少なくて、生活自体ができないから」(三八・二%)となっている。一方、「自分が活躍できる場を広げたいから」は一八・七%となっている。

つまり、副業は「起業ややりがい、将来のため」などではなく、「目の前のカネのため」なのだ。身もふたもない答えだが、本業の収入不足を補うためというのが最も強い動機なのである。

確かに、収入が十分にあればアルバート・アインシュタインは役所に勤めずに研究に打ち込んだし、水木しげるも不動産経営などに手を出さずに漫画を描き続けただろう。

ただ、偉人の中にはカネを心配せずに好きなことに打ち込んだ者もいる。

「進化論」で名を残すチャールズ・ダーウィンだ。誰もが一度は耳にしたことがある偉人だろうが、ダーウィンは大学や研究機関で働いていたわけではない。それどころか、生涯でいちどもまともに働いていたことがない。何をしていたかというと家にこもってずっと研究をしていたのだ。典型的な「親ガチャ」の恩恵を受けた一人なのである。それもちょっとした「ガチャ」ではなく、同世代に一人か二人の超すごいガチャだ。

とんでもないボンボン

ダーウィンは一八〇九年にイングランドに生まれる。父親は高名な医者で、父方の祖父に至っては当時同地で最高の名医ともいわれていた。これだけでもボンボンの臭いがプンプンするのだが、母方はもっとすごい。

母方の祖父の名前はジョサイア・ウェッジウッド。イギリスでウェッジウッドといえば英国王室御用達の高級陶磁器メーカーを思い浮かべる人もいるだろうが、あのウェッジウッドの創業者だ。生まれながらにして莫大な資産が転がり込んでくることが約束された「勝ち確」の人生であることがわかるだろう。

とはいえ、良家の子息には庶民にはわからない悩みもある。医者になるのが義務付けられていたのだ。ダーウィンも医者になるべく、エジンバラ大学に進むが致命的な弱点があった。血を見るのが苦手だったのだ。

それも少し苦手というレベルではない。手術室から逃亡した記録が二回もある。結局、麻酔なしの子どもの手術に立ち会ったことが決め手となり、手術の授業を欠席するようになり、二年あまりで退学してしまう。

現代の日本人の感覚からすると、「医学部中退なんて、医者になれたのにもったいない!」と思うかもしれないが、ダーウィンはそんな庶民感覚とは無縁だ。医者になろうがなるまいが生活は揺るがない。学生時代に学費とは別に、年四〇〇ポンド(当時の一ポンドを現在の五万円で換算すると二〇〇〇万円)の仕送りを受けていたのだから、生活の心配も将来の不安もなかっただろう。

血は苦手だが生き物には子どもの頃から関心があり、狩猟や昆虫採集に明け暮れていた。兄が家の温室で行っていた化学実験にも、いつも一緒に熱中していた。大学でも手術は苦手だったが、地質学や植物学の授業には熱心に耳を傾けた。

典型的なボンボンで大学も中退してしまったダーウィンだが、二二歳の時に転機が訪れる。興味に任せてイギリス海軍の測量船であるビーグル号に乗り込む。

世界一周の船旅で、好奇心が開花

ビーグル号は、南アメリカ大陸の海岸線の調査を目的とした世界一周の探検船だ。ダーウィンが依頼された任務は、表向きは地質調査だが、実際には船長の話し相手だった。航海期間は当初三年間の予定であったが延びに延びて五年間になる。ダーウィンは二二歳から二七歳までを世界一周に費やすことになる。

「まあ、昔ならば二年くらい延びることもあるかもね」と思われるかもしれないが、驚くべきことにダーウィンはこの航海に私費で参加している。海軍の調査だったが、民間人であったため、海軍から給料は支給されず、全額自費での乗船になったのだ。もちろん、ニートのダーウィンに支払う力はなく、父親が費用を出すことになるのだが、「この穀潰しが」、「どんだけ親バカなんだよ」と糾弾してはいけない。結果的に、子どもがかわいいがあまりの親バカのこのときの支出が後に進化論の発表につながる。

五年の航海はダーウィンに多角的な視点をもたらした。ヨーロッパとは全く異なる生物、地質、人種、文化に触れたことが大きな財産となる。

世界一周の調査が彼の好奇心をいかに刺激したかは、一八冊の野外観察ノート、四冊の動物学日誌、一三冊の地質学日誌からもわかる。

旅先から送った標本類が貴重な資料として学会で大きな評判を得るなど、帰国時にはすでに地質学者として頭角をあらわしていた。ただ、ダーウィンはどこの大学にも研究機関にも属さず、在野の研究者を選ぶ。「在野の研究者」ときくと、現代ならば何か職を持ちながら研究を続ける人をイメージするが、ダーウィンは働く必要がないので、家にこもって研究にひたすら没頭した。世界各国のイギリスの駐在員に「何色のネズミが生息していますか」、「西アフリカ人と別の人種が結婚した場合、どんな子どもが何人くらい生まれますか」といった手紙を何千通もしつこく送って、情報を集めた。研究熱心といえばそれまでだが、彼を現代で分類するならば、ひきこもりのニートである。そして、そのひきこもり期間は二〇年にも及んだ。有名な『種の起源』は二〇年のひきこもりの末、発刊されたのだ。

類まれなるひきこもり

ひきこもりといっても優雅なひきこもりである。三〇歳の時には結婚し、親からの支援は年四〇〇ポンドから五〇〇ポンドに増額される。妻も良家のお嬢さんだったのでダーウィンとは別に年四〇〇ポンドの仕送りを受けていた。現代の貨幣価値に換算すると二人で四〇〇〇万円以上の収入が働かずに入ってきたことになる。

それだけではない。結婚時に一時金として両家あわせて一万五〇〇〇ポンドの債券が転がり込んできている。この債券の利回りだけで年六〇〇ポンドあり、仕送りと合わせると一五〇〇ポンドを何もせずに手にしていた計算になる。書きながらだんだんバカバカしくなってきたので現代の貨幣価値には換算しないが、今も昔もカネはあるところにはあるのだ。

カネに不自由しないこともあり、自分が納得いくまで研究を続けた。それが二〇年のひきこもりを招いた一因でもあるが、ダーウィンがとことん研究したのには他に大きな理由があった。当時の常識からすると、進化論があまりにも異端だったのだ。

生き物は神がつくったと信じられていた時代に「生き物は進化する、人間も例外ではない」と唱えれば大批判にあうことは誰の目にも明らかだった。神の存在を否定するだけでなく、「人間も進化の一過程に過ぎない」といえばキリスト教的世界観を根本からひっくり返すようなものだ。全ての反論を説き伏せるようにしなければと、その作業を念入りにすすめているうちに二〇年が過ぎてしまったのである。

「長すぎるだろ……」と感想を抱く人が大半だろうが、実はこれでもダーウィンは見切り発車した感が強い。というのも、ライバルが突如出現したのである。一八五八年にアルフレッド・ラッセル・ウォレスという学者から手紙を受け取ると、そこには自分が考えていた説とほぼ同じことが書かれていた。ウォレスはダーウィンの論考から着想を得たため、仁義を切る形で手紙を送ってきたのだが、ダーウィンにしてみれば「これはマズい、先を越される」と感じ、共同発表という形で「自然淘汰説」と題した論文を発表する。

自然淘汰説とは繁殖に成功しやすい性質は種全体に広まり、繁殖に不利な性質は消失するという考えだ。キリンの首が長くなったのは高い場所にある葉っぱを食べようとしたわけではない。首が長いキリンが生存に有利だったから、そうした個体が生き残って子どもを残した。こうしたプロセスを繰り返すうちにキリンの首は長くなったのだ。

ただ、この論文はあまり反響がなく、ダーウィンが一般向けに書いたのが『種の起源』である。ちなみに『種の起源』の原題は“Origin of Species”だが、これは略称だ。本題は“On the Origin of Species by Means of Natural Selection, or the Preservation of Favoured Races in the Struggle for Life”とめちゃくちゃ長く、和訳では『自然選択、すなわち生存闘争における有利な変種の保存による種の起源』となっている。

雪だるま式に富を増やした

一八五九年一一月に発売された『種の起源』は、ベストセラーになる。発売前に初版部数を上回る注文を獲得する。といっても、当時の出版業界は小さな市場である。初版部数は一二五〇部だった。一八六〇年一月に修正を加えた第二版三〇〇〇部、一八六一年には第三版二〇〇〇部が刊行される。一八七六年まで改訂と増刷を重ね、その年までの累計部数は一万七五〇〇部に達する。ダーウィンは一八八二年に亡くなるが、その後も二〇〇〇〜三〇〇〇部が断続的に増刷される。

一八九八年までの『種の起源』による総利益は、版元のマレー社が約二七〇〇ポンド、ダーウィン家が約五四〇〇ポンドであった。

ベストセラー作家となったダーウィンだが、本が売れようが売れまいが生活に変化はなかった。『種の起源』が発刊された頃、ダーウィンの不労所得は年五〇〇〇ポンドまで膨らんでいた。四〇年余りのベストセラーの印税とほぼ同額を一年で稼ぎ出していたのである。金銭面だけで考えれば、著作活動は趣味みたいなものである。五〇〇〇ポンドは今の貨幣価値に換算すると多く見積もって二億円以上、少なく見積もっても一億円を超える。

なぜ、これほどの収入を得たかというと、結局は「親ガチャ」のおかげである。父親は農場を経営したり、カネを貸し付けたり、産業界に投資したりして着実に資産を増やしていた。遺産総額は四万五〇〇〇ポンドともいわれている。この遺産をダーウィンは株式投資で安定的に増やしたのだ。よほど才覚があったのか、一八七〇年代以降は年八〇〇〇ポンドの利益を手にしている。ますますアホらしくなってきたので、これも換算を控える。

結局、ダーウィンの総資産は晩年には約三〇万ポンドにまで膨れ上がる。株式投資は投資額が多ければ、リターンの総額も多くなるが、受け継いだ資産を七倍にまで増やしたのはダーウィンの手腕である。データを分析して仮説を立てて検証する。考えてみれば、投資も研究もアプローチは似ている。

ダーウィンが恵まれていたのは間違いない。食うに困らず、将来の金銭的な不安もないのだから好きなことを好きなだけやれる。ただ、同じように恵まれていたとしても、誰もが人類の知に貢献できたわけではない。親の莫大な遺産を食いつぶした人間は古今東西いくらでもいる。

　親ガチャに成功しようがしまいが、好奇心がなければ人生はつまらない。カネで好奇心は買えないのである。

マルクスとエンゲルス

Marx and Engels

もはやパパ活？

［経済学者］

東京には何をしているかわからない人が少なくない。

小さい頃、昼間から街をプラプラしている大人を見ると、この人は会社に行くわけでも農業や漁業をするわけでもなくどのようにして生計を立てているのだろうかとよく疑問に思ったものだ。きっと、まともな商売ではない、悪いことをしているんだ。あのときの私に言いたい。三十数年後のおまえはプラプラどころか泥酔しているぞ。

年を重ねるにつれ、世の中には色々な商売や勤務形態があることを知り、都会では昼間にプラプラしていることが決して悪いことではないと知るのだが、そうした世間知を得ても、「このひとはいったいどうやって食っているんだろうか」という人種には時々、出くわす。私が若気の至りで文系なのに大学院に進学したとき同じゼミの先輩だった、Eさんもその一人だ。

Eさんは私より一回り以上も年上だったので、若くても三〇代半ばだったと思う。年齢が不正確なのは誰も正確な年齢は知らないし、何か聞いたらマズい雰囲気を本人が漂わせていたかららだ。別に気難しい人ではなく、むしろその逆で、気さくな人だった。プロレスラーの三沢光晴に似ていたので私の同期はみんな「ミサワ」と陰で呼んでいたのだが、あるとき、酔っ払って間違えて本人に「ミサワさん」と呼びかけてしまったが、全く意に介さず「それはいつのミサワ? タイガーマスク時代?」と返してくれるくらいノリの良さもあった。

ただ、ミステリアスな雰囲気を醸し出していた。不惑近いのにバイトもせず、各種給付金をもらっているわけでもない。ましてやヒモでもない。「どうやって食ってるんだ？」と誰もが思う。本人が「まあ、何もしないでも何とか食えるんだよ」と言っていたが、そんなわけがない。そもそも、その当時は身分もよくわからなかった。すでに院生ではなかったが、論文を書かないのでポストを得る気配もない。でも、本人は全く動じない。ちょっと怖すぎるので同期の間では「たぶん、実家が豪農でその次男坊で食うに困らない仕送りがある」という謎のストーリーで自分たちを納得させていた。

研究者のカネの出どころ問題

確かに、研究者というのはカネの心配がいらない場合が少なくない。大学院の修士課程の私の周りですらみんな余裕があったし、私の実家は裕福ではなかったが、生活に困るような家庭でもなかった。そして、歴史に名を残すような偉大な研究者は極貧家庭よりは裕福な家庭が多い。というよりも、余裕がなければ研究などできない。本書でも紹介したが、ダーウィンは『種の起源』を書くのにおおげさにいえば二〇年間、ひきこもっていた。実家が超絶金持ちであったからだ。

ただ、実は実家が金持ちかどうかは大きな問題ではない。研究に没頭できるカネがあればそのカネの出どころは関係ない。カネがなければあるところから持ってくればいいと考える人もいる。『資本論』で知られるカール・マルクスもそうした一人だろう。

彼はジャーナリストとして働いていたが分不相応の生活をしていた。経済的に支えた人物がいたからだ。盟友として知られるフリードリヒ・エンゲルスだ。

経済的に支えるといっても「ちょっと、今月厳しいから助けて」と頼まれたからカネを貸す関係ではない。エンゲルスのマルクスへの経済的援助は援助という枠では片づけられない。現代ならば、家族の誰かがよくわからない壺を買わされまくって一家離散しかねない額なのだ。「ちょっと大げさだな」と思われるかもしれないが、みなさんの想像を軽く超えるはずだ。

無心するマルクス、与え続けるエンゲルス

例えば、手紙として残っている記録だけでもエンゲルスはマルクスに一八五一年から一八六九年までの一九年間に計二一七三ポンドを送金している。これは年平均にすると年一一五ポンド程度になる。この頃の熟練の労働者の平均年収が約七二ポンドだったというから、生活資金をまるごと援助していたといっても言い過ぎではない。

それどころか、この額は少なく見積もった額だから驚く。というのも、エンゲルスは生前に手紙の多くを焼き捨てている。一八六四年は送金が認められないが、前年は三七〇ポンドも送っており、急にゼロになるとは考えにくい。実際、マルクスは無心に無心を重ねている。エンゲルスは給料日はもちろん、マルクスから「カネがない。どうにかして」と手紙が来れば会

社の現金箱から小銭や郵便為替をくすねてせっせと送った。現金のみならず「食べるものがない」と手紙がくれば食べ物を、「酒が飲みたい」といわれれば木箱入りのワインを贈った。マルクスの娘の誕生日には欠かさずプレゼントも贈った。もはやパパ活である。

エンゲルスが最愛の愛人をなくして失意のどん底にあるときも、マルクスは無心する。「つらいのはわかるけれども悪いことは重なった方がいい、何を言いたいかというと俺はカネがないから頼む」と手紙を送っている。さすがのエンゲルスもこのときは飽きれきって、しばらく無視する。さすがにこれはまずいと慌てたマルクスは謝罪することによって、一〇〇ポンドをせしめている。マルクスはエンゲルスのことを家族の前では「小切手おじさん」と呼んでいた。『資本論』なんて書く前に人として何か学ばなければいけないと思うのは気のせいだろうか。

雨にも負けず風にも負けずマルクスを支え続けたエンゲルス。誰もが思うはずだ。「あなたいったい何者？　なんでそこまでするの。そもそも何でそんなカネがあるのよ」

資本家、運命の悪友に出会う

エンゲルスはマルクスと同じドイツ生まれで、ほぼ同時期（マルクスが一八一八年、エンゲルスが一八二〇年）に生まれる。

父親は紡績工場主でやり手の経営者だった。つまり、資本家の息子だ。

父親は息子にも一日でも早くビジネスの道に進んでほしかったので、中等学校を退学させて実家の仕事に従事させるが、エンゲルス本人は勉強が好きでたまらなかった。「大学に行きたい」と大学に聴講生として通っていたが、父親にしてみれば「大学なんかに行っても悪いことしか覚えない」と自分が持つマンチェスターの工場にエンゲルスを派遣する。この父親の決断が皮肉にもエンゲルスの運命を変える。マンチェスターに向かう途中に立ち寄ったケルンでマルクスに出会う。

その後、マンチェスターで働き始めると、実業家としての才覚を発揮し、木綿の取引でぼろ儲けするようになる。ただ、今でいう「意識高い系」になっていた彼は、マンチェスターの街で過酷な環境に置かれた労働者の存在が気になってくる。健康状態も悪そうだし、とても自分が食べられそうもない腐りかけの食べ物を口にしている。なぜ、なんだ。なんでこの人たちはこんなに劣悪な環境で暮らしているんだ。エンゲルスなりに労働者の助けを借りながら調べていると、ある結論にたどりつく。資本家が悪い、資本家が労働者を搾取しているからだ！となるのだが、「それって俺が悪いってことじゃん！」と気づいてしまう。そこで、労働者の生活状態についての実態調査をまとめた『イギリスにおける労働者階級の状態』を書き上げる。産業革命時のイギリスでの資本家による労働者搾取や労働者の悲惨な状況は後世にも伝わるが元ネタはこの本である。描写が生々しいのは当たり前で、彼自身が搾取する側にいたからなのである。

社会主義者に奉仕する実業家

矛盾を感じ、義憤にかられたエンゲルスはマルクスと再会し、実業そっちのけで社会主義の体系化に乗り出す。共産党宣言を共同で起草し、革命運動に身を投じ、一八四八年にはドイツの三月革命に参加する。革命は失敗に終わるがここからがエンゲルスの凄いところだ。

理論の構築を続けるマルクスに対して、エンゲルスは実業の世界に戻る。絶縁状態だった父親に詫びを入れ、マンチェスターの会社に復帰する。

父親が出資する会社に二〇年近く勤めて最後は経営陣の一人になっている。一八五〇年代後半には年収は八〇〇ポンド前後あり、経営陣に加わってからは一〇〇〇ポンド以上の収入を得ていたとの指摘もある。これは現在の貨幣価値に換算すると一〇万ポンド以上で、日本円に換算すると一〇〇〇万円台後半になる。

共産主義の実現のためにマルクスが知的な営みをする代わりにエンゲルスが資金を拠出する、生活の面倒をみる。大義のためといえば、それはそれでありなのかもしれないが、マルクスの「生活」を支えるのは簡単ではない。「革命もしたいけど貧乏もいや」とわがままなので月並み以上の資金を送っていたのは前述したとおりだが、革命を志しているはずなのに、バカンスに出かけたり、高級ワインを飲んだり、挙句の果てに家政婦との間に隠し子をもうけてしまう。「おれは家族がいるから、おまえがヤッちゃったことにしてよ」と独身のエンゲルスが家政婦とできて子どもをもうけたことになってしまう。当然、子どもも育てることになる。この件で、マルクスの娘たちからエンゲルスは「性にだらしない人」とみなされ、「エンゲルスおじさんはいい人なのに自分の子どもにだけは冷たい」と嘆かれる。エンゲルスはこの秘密をマルクスの生前には口外せず、自分が死ぬ間際になってようやくマルクスの娘の一人に「俺の息子は実はきみの父さんの子だよ」と伝える。エンゲルス、いい奴過ぎてちょっと怖い。

おまけにエンゲルスの支援は「生活」の面倒にとどまらない。マルクスは新聞などへの寄稿も引き受けていたが、「なんだかやる気がなくなった」となると、エンゲルスに押し付けてしまう。エンゲルスは朝の一〇時から夜八時まで働き、疲労で重い頭を働かせながら、ゴーストライターの役割も果たした。

マルクスの代表作である『資本論』もエンゲルスあっての一作といえる。

マルクス存命中に出た『資本論』は一巻だけ。残りは暗号にしか読めない草稿をエンゲルスがまとめた。『資本論』の原稿をざっとみて内容や文体の修正箇所を提案したのもエンゲルスだし、発売後にプロモーションを担ったのもエンゲルスだ。注目されるために新聞などで書評を書き、読者の関心を煽った。

エンゲルスの「副業」

マルクスにとってエンゲルスは巨大スポンサーでもあり、有能な編集者でもあった。エンゲルスはマルクスの才能に賭け、あくまでも実業家の正業の傍ら「副業」としてサポートする立場を貫いた。エンゲルスがマルクスの才能を認め、裏方に徹したことが関係を持続させた。

エンゲルスは自分の正業を「糞みたいな仕事」といってはばからなかった。全ては理想のためとはいえ、ストレスもあっただろう。飲み屋で喧嘩をしたときは持っていた傘で相手の目を突いて罰金刑に処せられている。ただ、ひたすら資本家の仮面をかぶり、黙々と仕事をこなした。

私たちの多くは夢や理想を実現できない場合が多いだろう。だが、必ずしもそれらを自力で成し遂げる必要もない。小さく試してみるのもよいし、誰かを応援する形でかなえるのもありだ。エンゲルスのように「副業」として夢に関わるというのは意外に現実的かもしれない。「こんな環境じゃ無理」、「到底出来そうもない」と諦める前に少し角度をずらしてみる。自分でも、できることはないかと考える。エンゲルスの生きざまからは、どんな状況だろうと志を持って生きることは可能なことを教えてくれる。

ちなみに、「なんだ、マルクスって資本家に支えられていたのかよ」と思うかもしれないが、その通りである。マルクスはカネに汚かったし、贅沢好きだったし、学生時代には酒飲んで拳銃をぶっ放して捕まっている。清廉潔白とは程遠い。でも、そうした生身のマルクスを知っていれば、学生時代にもう少しマルクス主義に興味を持てたかもしれないと思うのは私だけだろうか。

そういえば、私の院生時代の先輩のEさんの研究テーマはマルクスだった。大学院の人たちとは没交渉になっていることもあり、Eさんにとってのエンゲルスがいたかはいまだに私にはわからない。

薩摩治郎八

浪費の才能に
恵まれた男

Jirohachi Satsuma

［社交家］

カネがあっても幸せにはなれない。

そんなセリフは貧乏人の僻みかクレジットカードのCMだろと、若い頃には思った時期もあるのだが、カネは必ずしも人を幸せにはしない。カネがなければ不幸だが、カネがあっても幸せではない。

それは記者時代にも痛感した。

私の取材対象は誰もが知るような企業の社長がほとんどだった。彼らはカネに不自由していないのに、社長や会長を退いても、経済団体や外郭団体の理事などを務めた。高齢になっても働き続けていた。仕事が大好きなのではない。働く以外にすることがないのだ。「家にいてもすることないしね」という声を聞いたのは一度や二度ではない。日本のサラリーマンで出世する人は色々なものを犠牲にして昇りつめた人がほとんどなので、働くのをやめたら何もなくなる。カネがあっても豪邸を買って、いい車を買って、美味しいものを食べるくらいしかカネを使わない。いや、正確に言うと使い道をしらない。

別にこれはわるいことではない。カネを使わずに、書斎で本を読む生活や家庭菜園を楽しむ生活は悪くない。私もそちらにシンパシーを感じる。

なにをいいたいかって、カネを使うのも才能であるということだ。例えば、「五〇億円あげます」と言われても使い道に困ってしまうのではないか。むしろ、減るのが怖くて、せいぜい五億円くらい使って、あとは使わない人がほとんどではないだろうか。特に会社に人生を縛られてきたオッサンはカネの使い道を私も含めて知らない。たまに、巨額の横領事件を起こす中年会社員がいるが大半は女性がらみだ。

パリでの豪遊で名を馳せた男

カネをどう使うかはその人の写し鏡ともいえるのだが、カネを使う才能にかけて近代日本で抜きんでていたのが薩摩治郎八だ。あまり聞いたことがない名前かもしれないが、この男は戦前のパリで最も有名な日本人といわれていた。戦後に日本でフランス文学や思想が盛り上がりを見せた頃、パリ留学や在住経験のある日本人が注目を集めたが、現地での知名度では薩摩が圧倒的にナンバーワンだった。

絵を描いたわけでも哲学を学んでいたわけでもない。事典には「国際的社交人」(ブリタニカ国際大百科事典)、「国際的社交家」(日本人名大辞典)とある。つまり現代のパリピである。パリピが職業なのかと突っ込んではいけない。職業分類上は無職だ。

実家が太かったのでひたすらパリでカネを使い、その名をとどろかせた。これまで紹介してきた偉人と違い、「何かをするため」に実家のカネを使ったのではなく、「ただただ遊ぶため」に、少し格好良く言えば「社交するため」に湯水のようにつかったのだ。副業どころか本業もない。

しいて言うならば、本業「浪費家」、副業「すねかじり」といったところだが、そのすねかじりぶりが想像を絶する。

治郎八がパリで使った額は現代の貨幣価値に換算すると最低でも二〇〇億円、中には一〇〇〇億円に及ぶとの指摘もある。

「てか、実家、なにもの」と誰もが関心を抱くだろう。これまた百科事典によると治郎八の生まれは「綿織物で成金となった薩摩治兵衛の孫として東京に生まれる」（日本大百科全書）とある。ずいぶんのいわれようだ。

だが、実際、治郎八の祖父の治兵衛は幕末の動乱期に才覚を発揮し、「木綿王」と呼ばれ、巨万の富を手中に収めたのは間違いない。天保二年（一八三一年）、農家に生まれ、困窮を極めるが、酒屋に奉公に出る。何とか食いつなげると思っていたら、奉公先が閉店。どこまでもついていないが、これが転機になる。新たな奉公先の綿織物屋で修業して独立するが、ここで賭けに出る。尊王攘夷の風が吹きまくっていて輸入品の綿布を売る商店も敵とみなされ、競合の多くの商店が店を閉める中、営業を継続したのだ。その結果、一人勝ち状態になり、明治維新以降のビジネスの拡大の足掛かりとする。

横浜や大阪に支店を設け、治郎八が生まれた翌年の明治三五年（一九〇二年）に治兵衛の資産は一〇〇万円を超えたといわれている。銀行の初任給が三五円、首相の給料が一〇〇〇円の時代である。令和の首相の年収が四〇〇〇万円であることを考えると三〇〇〇億円を超える資産を持っていたことになる。その後も資産を膨らませて（大正期には一兆円近くまで増えていた）実家に文字通りカネがうなっていた時代に治郎八は産声を上げ、成長したのである。

不登校児から、渡航してパリピに

治郎八はこれだけの富豪の跡継ぎだ。過保護に育てられてしまい、中学では登校拒否になる。時代が時代なだけに、なんとか学校に行く努力をするかと思いきや、大磯の別荘で療養する。「学生なのに別荘で療養って、金持ちかよ」と突っ込みたくなるが、本当の金持ちだから突っ込めない。

その後、大正八年（一九一九年）、一八歳で治郎八は英国オックスフォード大学への留学を決意する。ひきこもりからオックスフォードへ。社会復帰の足掛かりのスケールがやはり庶民とは違う。そもそも庶民では留学など難しかった時代だ。

だが、留学したものの、次第に大学に行かなくなる。「なんだ、また不登校かよ、それなら日本にいろよ」と思うのだが、学校に行かずにイギリスを満喫していた。高級車のダイムラーを買い、専属運転手を雇い、毎日のように昼間は劇場や博物館に足を運ぶ。夜になると当時流行っていたロシア舞踊の舞台に夢中になる。ひきこもり、まさかのパリピへの華麗なる転身だ。

もちろん、パリピ生活を支えるのは実家だ。仕送り額は一万円だったというが、これは現代の日本では数千万円に相当する。ちなみに年額ではなく月額だ。なにもせずにロンドンにいるだけで、年収が軽く億越え。働いているのが馬鹿らしくなるとはよくいうが、ここまで世界が違うと地道に働こうと思えてくる。

ロンドンに渡って二年後の一九二一年には、パリに居を移す。当然、ここでもカネに糸目をつけず社交界を闊歩する。

パトロンへ転身

第一次世界大戦が終わった後のパリは多くの芸術家を受け入れることで「祝祭と狂乱の時代」と呼ばれる華やかな時代を迎えていた。時代は日本人にも追い風だった。欧州各国が大戦の傷がいえぬ中、日本は工業生産の発展で未曽有の好景気に沸いていた。大戦前の一九一三年に一〇〇フランが四〇円だったのが二二年には一〇〇フランが一〇円になったことからも円がいかに強くなったかがわかる。当然、こうした経済変化は治郎八のような日本人のパリピを生むことになる。

ある伯爵は高級ホテルのマジェスティックのフロアを借り切ったり、一流ブランドを買いあさったりしたというが、治郎八が違ったのはそうした生活に良くも悪くも飽きてしまっていたことだろう。一九二〇年代後半には放蕩生活に嫌気がさすようになり、パリピからパトロンへ軸足を移す。画家の藤田嗣治や岡鹿之助などを経済面でサポートした。治郎八の資金力に支えられた彼らの展示会は「薩摩展」と呼ばれ、二〇年代末にパリやブリュッセルで開かれた。

この頃が世の中のものさしで測れば、治郎八の絶頂期であった。湯水のようにカネを使った人生で形として残っている数少ない功績も残した。パリ国際大学都市にある留学生宿舎「日本館」だ。

パリ国際大学都市はパリ市内の中心地から少し外れた場所に位置する。四〇ヘクタールの広大な敷地に約四〇ヶ国の学生寮が点在する。それぞれの国の館には他国の出身者が半数程度住んでいる。敷地内には銀行や郵便局、劇場まであり、文字通り「都市」としての機能を果たしている。

この国際文化事業は一九二五年に当時のフランスの文部大臣、アンドレ・オノラの提唱による。第一次世界大戦の悲劇を繰り返さないように国際交流の場として大学都市を構想した。要請を受けた日本政府は欧米列強に追いつけ追い越せと躍起になっており、留学生会館の建設を引き受けたが、問題があった。資金だ。二年前の関東大震災からの復興半ばで財政に余裕はなかった。そこで、担ぎ出されたのが、薩摩家だ。

治郎八がフランスで足場を築き始めたこともあり、白羽の矢が立ったというわけだ。結果的に現代の貨幣価値で数十億円の私財を投じることになる。見方によっては、政府に押し付けられたともいえるが、カネはあっても伝統がない薩摩家にしてみれば「箔」をつける格好の機会でもあった。

実際、治郎八はパリでの社交界でカネを使うだけでは尊敬されないことを痛感していた。カネには使い道がある。一九二九年に日本館が開館すると治郎八はそれをますます実感しただろう。フランス政府が外国人に贈る最高級の勲章「レジオン・ドヌール勲章」を受賞したのだ。貴族でもないのに「バロン(男爵)・サツマ」と呼ばれ、社交界での着こなしが流行をつくるとまでいわれるようになる。

貧すれど鈍せず

ただ、時代が悪かった。日本館の落成式から半年も経たずに世界恐慌が欧州を襲う。円が急落し、日本からの送金が途絶えた芸術家たちは帰国し、治郎八が支援していたグループも自然消滅した。

治郎八自身も窮地に立たされる。家業が傾き、仕送りがままならなくなったのだが、それでも道楽に道楽を重ねた。生活はすぐには変えられない。一度上がった生活水準は下げられない。どうしたのか。カネがなければ我慢する。だが、それではただの浪費家だ。カネがなければ、カネを引っ張る算段を考える。それが本業浪費家、副業おねだりの真骨頂だ。

治郎八は「逆為替」を使ったといわれている。パリの銀行でカネを借りて、日本の実家から取り立ててもらうのだ。「とんでもない奴だ」と思われるだろうが、仕送り数千万円の人間に常識を求めてはいけない。これは実に理にかなった方法で、実家としても「支払えません」となると信用問題に発展するので、しぶしぶ応じざるをえない。治郎八は逆為替を使いまくり、パリライフを楽しんでいたのだが、そんな状態が長く続くわけがない。世界的な不景気と道楽三昧が重なり、薩摩商店は昭和一〇年(一九三五年)に閉業する。

万事休すと思うだろうが、その後も昭和一三年(一九三八年)に一時帰国するまでフランスに滞在する。実家は商売をやめたとはいえ、急に無一文になったわけではない。土地建物をいくつも持っており、それらを売り払ったり、自分の美術品のコレクションを処分したりして、食いつないだ。放蕩生活に区切りをつけたと思いきや帰国の翌年にはフランスに舞い戻っている。

治郎八が再び日本の地を踏むのは昭和二六年(一九五一年)。大金持ちのボンボンはただの中年になっていた。明治以降、欧米列強に追いつけ追い越せとイケイケで拡大路線を歩んだものの敗戦で焼け野原になった日本と治郎八の姿が重なって見える気もしてくるが、それは違う。治郎八は生活に困るくらい困窮していたわけではなかった。帰国した段階で、実父が箱根に別荘をまだ持っていた。王侯貴族並の大富豪が小金持ちになったくらいの認識が正しいだろう。戦前の金持ちをなめてはいけない。

当時、すでに五〇歳だからいつ死んでもおかしくないが、治郎八はどこまでも治郎八だった。資産が減り、生活が変わっても人生を楽しんだ。浅草に日参し、一目ぼれした踊り子と昭和三〇年(一九五五年)に結婚する。稀代の放蕩児の戦前と戦後の落差をマスコミは放っておかない。

金満ぶりをおもしろおかしく書きなぐる雑誌を喜ばせるために「アラビアのロレンスとも会った」などのように虚実交えた談話を披露した。いつまでも洒落っ気を忘れなかった。瀬戸内晴美（寂聴）や獅子文六の小説のモデルにもなった。
なぜ、あそこまで豪快にカネを使ったのか。資産がなくなることを恐れず、いや、なくなることがわかっていても使えたのか。治郎八は自伝でこう語っている。

こんな私の生活ぶりは贅沢だ、虚栄だと世間からは指弾されるであろうが、私としては生活と美を一致させようとした一種の芸術的創造であると考えていた。（中略）冬は南仏カンヌのホテル・マヂェスチック、夏はドービルのホテル・ノルマンディーと王者も及ばぬ豪華な生活をしたが、それをそしる者はそしれである。（中略）その間に自分の得た国際的知己交友の尊さを思い併せて、私には悔ゆるところは少しもなかったのである。

〔『せ・し・ぼん　わが半生の夢』山水社〕

カネはためるものではなく使うものであり、必要があるならば工夫して引っ張ってくる。カネがなぜ必要かを、治郎八の浪費に特化した人生は教えてくれる。

治郎八は晩年妻の郷里の徳島で過ごす。「徳島はマルセイユみたいだ。空が青くて女が優しい」こう口癖のように繰り返した。豪快にカネを使い続け、無一文になっても卑下することなく自分を貫き通した。

辻潤

Jun Tsuji

［エッセイスト］

友と読者に支えられ、
生涯自分を貫いた

今の日本では食いはぐれない。

そんなことを痛感させてくれたのが辻潤だ。

翻訳家であり、エッセイストでダダイストの中心人物としても知られた。近年では妻の伊藤野枝との関係で注目されることも多い。令和四年（二〇二二年）も吉高由里子が野枝を演じたドラマで稲垣吾郎が潤を演じていた（ちなみにあんなにイケメンではない）。劇中ではプラプラしていて何をやって食べているのかわからない人として描かれているが、それは史実通りともいえる。何者かでありそうで、何者でもなく、本人も何者かになろうとしなかった。それが辻潤だ。彼は死ぬまでそれを実践し続けた。

働かない大黒柱

明治一七年（一八八四年）に、裕福な家で生まれた辻だが実家が没落。苦学して女学校の英語の教師の職を得るものの、伊藤野枝との出会いで人生が大きく変わる。女学校の生徒であった野枝と恋愛関係になり、二七歳の時に職を辞して無職になる。

当時、辻は母と妹と住んでいた。一家の大黒柱なだけに働かなければいけない。辻はどうしたか。働かない。そのうち、野枝まで転がり込んできたが、それでも働かない。

もちろん、何もしないわけではない。知人の紹介で翻訳や代訳などを手掛けるが、家計は回らない。

回らなければ回らせるようにするしかない。自ら出版社に洋書の翻訳を持ち込む。その中のひとつ、チェーザレ・ロンブローゾ『天才論』の翻訳本が版を重ねる。

ロンブローゾは今ではめっきり聞かなくなったが、イタリアの精神病の研究者で犯罪心理学の創始者といわれる。天才と狂人の類似性を科学的に証明しようとした。「天才と狂人の差は紙一重」とはよく聞くが、ロンブローゾに由来するという説もある。

『天才論』の翻訳本が出版されて以降は、翻訳以外にエッセイなどの原稿依頼も来るようになる。一九一〇年代半ばから一〇年くらいが辻の職業人としての全盛期になるが、仕事がうまくいくようになったからといって私生活も順調とはならない。ちょっとは食えるようになったかと思っていたら、夫婦生活が破綻する。大正五年（一九一六年）四月、野枝がアナキストの大杉栄と恋仲になり、家を出てしまう。

女に去られて心機一転

この時、辻潤、三一歳。さすがにショックだったらしく、住居を変え、心機一転に新しい仕事を始める。「英語　尺八　ヴァイオリン教授」の看板を自宅にかかげる。英語や尺八、ヴァイオリンの塾を開く。

当時は今よりも翻訳者の地位は高かった。当たり前だ。海外は遠かったし、グーグルの自動翻訳もチャットGPTもない。翻訳ができるとなれば、生活は安定しそうだが、よほどの売れっ子以外は波がある。だから、英語を教えるのは理にはかなっている。

首をかしげるのは尺八だろうが辻は一〇代の時に偉い先生に弟子入りしてプロを目指したこともあった。人の家の門前に立って、尺八を吹いて小遣い稼ぎできる腕はあった。後年には友人の谷崎潤一郎邸の前でも吹いて、嫌がられている。

ヴァイオリンは東京音楽学校（現東京芸術大学）卒の佐藤謙三が教えにきていた。貧乏長屋に国内有数のヴァイオリニストがなぜきているのかについては「仔細あって」としか辻は述べていないが、立地の悪さもあり生徒はほとんど集まらなかった。英語の生徒は数人いたが、尺八はゼロでヴァイオリンは一人。辻自ら「苦しまぎれ」とかたっているように生計を支える術にならなかった。

今も昔も人間、暇だと余計なことしかしないとはよくいったもので、辻も暇を持て余してダラダラしていたら、自宅がいつのまにか暇人たちのたまり場になってしまった。昼間から飲めや歌えの大宴会も珍しくなく、辻がいなくても誰もが遠慮なく出入りするようになった。辻も辻で特に文句をいわず、一緒にダラダラする。朱に交われば赤くなるというが、朱色なのは辻か。

酒浸りの日々に

辻の人生の歯車が狂い始めるのは(野枝と会ったときから狂ってはいるので完全に狂い始めたという方が適切か)、三八歳の時。野枝が大杉とともに大正一二年(一九二三年)に起きた関東大震災のどさくさにまぎれ、虐殺されて以降だ。野枝と離縁した後、仕事も増えたが酒量も増えていた辻は、野枝の死の衝撃で酒にどっぷり漬かるようになる。「道楽と云えば私にとって先ず読書と酒とである。それを取り去ると私の生活がゼロになってしまう」(「どりんく・ごうらうんど」『絶望の書 ですぺら』講談社文芸文庫)と書いた辻だが、この件を境に酒量が急増する。辻は終生、野枝の写真を持ち歩いていたというからいかに彼女の死が大きかったかがわかるだろう。

酒に完全におぼれ、おかしな行動が目立つようになる。仕事は順調だったが酒の飲みすぎでノイローゼ気味になり、女性と自殺未遂にも及ぶ。厄介なことに、常に酔っぱらっているので自殺しかけたことも忘れていた。

さすがに周囲も心配する。「あいつは大丈夫か。大丈夫なわけがなさそうだ」ということで「辻潤後援会」が大正一四年(一九二五年)に発足する。ただの酔っぱらいに後援会かよと突っ込みたくなるが、谷崎潤一郎や佐藤春夫、豊島与志雄ら、今となってはそうそうたるメンバーが名を連ねた。

後援会は会費制で月額一口一円からで、期間は一〇月から翌年三月までの半年間とした。当時、東京のコーヒーが一〇銭だった時代だ。

最高額となる一〇口一〇円の会費を支払った一人が谷崎潤一郎だ(もう一人は生田春月。生田は詩人で辻をモデルにした小説「相寄る魂」を書いている)。

辻は見舞金で静岡県の志太温泉で静養する。カネがなければもらえばいい。持つべきものは友である。

友達には恵まれていた

辻は谷崎とは親交が深かった。辻は谷崎が計画していた洋行に一緒に行く手はずを整えていたが、谷崎が計画を断念したため、話は流れる。結局、辻は全集ブームで得た想定外の印税を元手に昭和三年(一九二八年)に読売新聞の特置員という肩書で一年間、パリにわたる。谷崎は旅立つ前に辻の家族を招き、送別会を開いている。わざわざ中華料理のシェフを呼び寄せてもてなした。

このパリ滞在は辻には体にも精神面でも転機となるはずだった。パリにいる間は友人知人が周りにいないので酒盛りになることがなかったからだ。パリ滞在中に日本に送った手紙でも

「こっちの生活は仕事のできるようにできている。実にウルサクなくていい。毎日酒を呑んでグラグラしているのは全くバカみたいなものだ」と書き、帰国後は酒を慎み、人付き合いを見直すことを誓っている。人間、環境で変わるのだ。

ただ、「誓いは破られるためにある」といった人がいるように誓いを守るのは簡単ではない。当時は外国との距離が遠い時代。洋行帰りとなれば仕事も集まる。だが、どういうわけか筆は走らない。スランプの時こそ仕事に真剣に向き合わなければいけないが、有象無象の人々が土産話を聞かせろと辻の自宅に集まってきてはどうしようもない。当然、酒盛りになる。夜通しで飲むのは当たり前、二日三日ぶっ続けで飲むことも珍しくなかった。飲みながら寝ているし、本人も起きているか寝ているのか酔っているかもわからない。変なことをつぶやき、はだしのまま外にかけていってしばらくするとケロッとして戻ってきたり、いきなりテーブルの上に飛び乗ったり。アルコール漬けになり、常軌を逸した行動も目立ち始める。

極めつきは自宅の二階から「天狗になったぞ」と飛び降り、新聞沙汰になり病院に入院する。もはや、仕事どころではない。生命の危機である。

こんなとき助けてくれるのは友達しかいない。入院中の辻を助けてやろうと、昭和七年（一九三二年）、「辻潤後援会」がまたもや発足する。どんだけ応援するんだよ。谷崎、佐藤、北原白秋、萩原朔太郎、武者小路実篤、新居格などの名が発起人に並び、辻は見舞金で伊豆大島にて療養する。やはり、持つべきものは友なのだ。

ここで完全復帰するかと思いきや、昭和八年（三三年）には名古屋を放浪中に警察に保護され、病院に入る。当然、友達は心配し、退院の翌年には「辻潤君全快お祝いの会」が開かれる。面子はこれまでとほぼ同じだ。みんなめちゃくちゃ優しい。阪神ファンか辻ファンかくらい熱い。

ところが、だ。全快を祝ったはずだが、全くもって全快していなかったようで、辻は三三年以降に明らかになっているだけでも昭和一〇年（三五年）、昭和一二年（三七年）にも警察に保護され、病院に送り込まれている。

さすがにここまでくると、生活もままならない。原稿を頼む方も辻がまともに書けるとは思えない。お祝いの会が開かれた頃には、辻の仕事はめっきり減ってしまっていた。執筆は続けていたが、シンパがいる読売新聞社や改造社を除くと稿料が出ない自費出版のような雑誌がほとんどだった。本人の気力もなかった。原稿依頼が減ってやる気がなくなったのか、やる気がないから依頼がなくなったのか。鶏と卵のような関係でどっちが先かはわからないが、飲み代どころか食うに困る生活に陥ったのはいうまでもない。

ここでまた友人たちが助けてくれそうな流れだが、友人たちも年がら年中、後援会を発足させるわけにはいかない。それならば、自分で稼ぐしかない。「稼ごうと思えば手段はいくらでもあるではないか。みんな、正業にこだわり過ぎなのだ。そうだ、俺には尺八がある」とばかりに、カネが無くなれば尺八を吹いて人の家の前に立った。もちろん、十分なカネが集まらないときの方が多い。でも、辻はそこでまた考える。「何をやってもカネが集まらなければ、くれるところにいけばいい。俺には愛読者がいるではないか」とファンの家に居候させてもらった。

これは一回や二回の話ではない。仲良くなったファンの家には昼夜を問わず押しかけた。時間も場所も問わなかった。さすがに何度かすると向こうも警戒するので、家にあげてくれない。辻は「しかたがない」とばかりに、「電報です！　電報です！」と深夜に叫び、電報を届けるふりをした。当然、夜中に電報が来れば家人は「何事か！」と扉を開ける。そこに無理やりあがりこんだ。

ちなみに太宰治が夜分に知人宅を訪れる際に「でんぽーです」と叫んでいた場面を編集者の野原一夫は著書に記しているが、洒落でやって周囲にもそれを理解してもらえている太宰と、本人は洒落でも相手は洒落に受け止めていない辻とでは、同じ「でんぽーです」でも大きな隔たりがある。

辻が貫いた「筋」

辻は白いものを白、黒いものを黒と叫んでいたため、戦時体制になると仕事は完全になくなり、文字通りの居候人生を送った。晩年はほぼ放浪の身で、地方のファンの家まで足を運び、食いつないだ。権威を否定しながらも国家の体制下で生きることは容易ではない。

反戦の姿勢を隠さず、酔っぱらった勢いで窓から飛んでいる飛行機めがけて切り出しナイフを投げつけたこともあった。周囲からは狂ったと目されていたが、世の中が狂っていた時代。果たしてどちらがおかしかったのか。

「辻潤は狂気に陥ってしまった」と世間がみなしていた頃、息子の辻まことには父の違った姿が映っていた。

最初の発作が起こったとき（不眠不休が三日も続いた）ついに慈雲堂病院に入院させるために、やっとのおもいで自動車に乗せた。そのとき私は、行先きを彼にははっきりとは告げなかったのだが、彼は私にこういった。

――お互いに誠実に生きよう。

異様に高揚した精神につきあって私も不眠が続いていて、こっちもすこしはオカシクなりかけていたのだが、この言葉とそのときの冷静な辻潤の面持ちのなかには一片の狂気のカケラもなかった。

〔『辻まことセレクション2　芸術と人』平凡社ライブラリー〕

辻は筋を貫き、昭和一九年（一九四四年）に知人宅で餓死する。辻は困窮した状態でも配給の食糧を受け取らなかった。知人から恵んで貰うのならば、配給を受け取れよと思うが、それ

が辻だった。

辻は好きに生きた。スタイルを重視した。まことはこうも書いている。


世間並みにいえば「みじめな晩年」だった。しかし、本当にそうだろうか？　私の知るかぎりの日本人のなかでたった一人、一人の人間としてけっして負けなかった人間だった。

〔同前〕

スタイルを変えるくらいなら、本業で食えなくなることを選んだ。だから、職にこだわらず、翻訳や執筆仕事がなければ尺八を吹いたし、居候も辞さなかった。その生きざまに共鳴して、それを支えてくれる友人、知人がいた。「食えなければ色々仕事をすればいいし、それでもカネがなければカネを持っている人からもらえばいい」。そんな人生を実践した人だ。餓死したら元も子もないといえばそれまでだが、それもまた人生だ。

なぜ働くのか、なぜ副業をするのか。カネが欲しい？　では、なんでカネが欲しいのか。とりあえず、副業でかせがなきゃいけない、と躍起になっている人は辻潤という人がいたことを思い出してほしい。

おわりに

正業か副業かは問題ではない

令和四年（二〇二二年）一一月末日、会社を辞めた。就職したのが平成一七年（二〇〇五年）九月一日なので一七年ちょっと勤めたことになる。

勤め先は、日刊工業新聞社という業界紙で私はそこで記者をしていた。転職が当たり前の時代に一七年は長い。

会社に愛着が人一倍あったわけでも、記者がとりわけ好きなわけでもなかった。転職することが、ただただめんどうくさかっただけだ。

そもそも、大学生の時に就職活動がめんどうくさかったので、文系なのに大学院に進学した。就職氷河期のど真ん中だったが、今のような超売り手市場でも同じ選択をしただろう。経済系の専攻だったこともあり、大半の学友は修士二年にもなると民間企業への就職活動を始めたが、こちらはモラトリアムを何とか延ばそうと留年した。大学四年、修士三年、その上、身の振り方も決まらないまま院を修了した。

日本の場合、就職が決まらないまま学校を卒業してしまうと就職の門戸が一気に狭くなる。中途扱いになり、転職者と同じ土俵に立たなければいけない募集がほとんどだ。もちろん、百も承知でそうした状態に身を置いたわけだが、野に放たれて三〜四ヶ月経った頃になるとカネも底を尽きた。「そろそろ働くか」と新聞広告で見つけた新聞社にもぐりこんだ。

「とりあえず、三年くらい働くか」という軽いノリだったが気づけば一七年。意外なことに、仕事は嫌ではなかった。入社して三年経った頃には「自分は働くのが嫌だったわけではなく、就職活動が嫌だったのか」と気づいた。

だから、会社を嫌でたまらなくて辞めたわけではない。「業界の先行きが暗い」、「会社の方針が納得できない」、「給料が安い」などなど不平をいくらでもあげられる反面、これだけは絶対に許せないという理由もなければ、そう思うだけの仕事への熱意もなかった。理想がなければ、人間は拒絶しないことを私は知った。

とはいえ、小さな不満が積もり積もったのだろう。見ないふりをしていた塵の堆積に気づいてしまい、「もう、辞めよう」と退社する年の夏ごろにふと思った。辞める一〇年くらい前からは外部で書評を書いたり、ゴーストライターをしたりしていたこともあり、当面の生活は計算できた。一年後、二年後は全く見えない不安はあったが、「まあ、こだわりを持たずに生きていればどうにか食っていけるだろう」という気持ちも同じくらいあった。おそらく、それは辻まことの影響も強いだろう。

辻まこと。大正、昭和を生き、死後に人気が出た作家で、生原稿や絵画が高値で取引され、没後二五年にして全集が出版された。父親はダダイストの辻潤で戦時中に餓死、母親で女性解放運動家の伊藤野枝は家を捨て、大杉栄のもとに走り、関東大震災のどさくさにまぎれ憲兵により虐殺される。果たして、子どもは何を思い、育ったか。

と、書いたところで多くの人にとっては「誰だよ、それ」といったところだろう。まことが何者かについては「辻まこと略歴」(『辻まことアンソロジー　遊ぼうよ』未知谷)から引こう。

中学にはいった頃から画描きになりたくなり、中途退学してヨーロッパに連れていってもらったが、ルーヴル美術館を一カ月拝観するに及んで、すっかり絶望して、画描きをやめるつもりになり、毎日フラフラと暮す。(中略)帰国以来、ペンキ屋、図案屋、化粧品屋、喫茶店など転々として最後に竹久不二彦(夢二画伯の次男)、福田了三(徳三博士の息子)両君の驥尾に附して金鉱探しに夢中となって東北信越の山々を駆けめぐったが、あまり成績はあがらなかった。結婚したりして少し熱がさめた頃からそろそろ戦争がひどくなり、配給と隣組がいやで新聞記者になって一家をあげて天津に逃げだした。十八年の末に陸軍報道班員を失職して青島へ行き、当時製鉄所の副所長だった赤堀英三博士の食客となって考古学の澄田氏という人と三人で山東省の発掘でもやろうといって計画をたてているうちに兵隊にとられ、冀東の山中で終戦となり、二十三年なんとか引き揚げ、以来なんとなく画描き

――に近い職業で暮して現在に到った次第である

「夢二の息子と金鉱探しってなんだよ!」、「中国まで逃亡して、こりずにまた発掘かよ」とむしろますます何者かわからなくなってしまった感もあるが、本人が「画描きに近い職業」と書いているように、社会的な肩書は画描きだ。誰にも師事せずに我流で独自の世界を開き、主に山の絵を描いた。

ただ、まことにとって、絵描きはあくまでも世渡りする上での肩書だった。スキーや山登り、釣りは素人離れの腕前。かといって隠者でもなく、都会に現れて酒を飲み、ギターを奏でればプロ級で文章も喋りも一流だったが、いずれも彼からすれば余技だった。何者かでありそうで何者でもなく、何者にもなろうとしなかったのが辻まことの面白さである。

「職業=辻まこと」と呼ぶと、二一世紀の今となってはダサいかもしれないが、彼は戦時中から七〇年代に死ぬまでそれを実践し続けた。実際、代表著作である『山からの絵本』(ヤマケイ文庫)では自分で文章を書いて、挿画もつけ、装丁までてがけてしまった。まさにまことのマルチの才能が形になっている。

マルチの才能は世の中を見渡す視点にも及んだ。軽妙ながらも辛辣で冷めた文体と観察眼の鋭さこそ、まことの真骨頂だ。『虫類図譜』(ちくま文庫)にはその鋭さが凝縮している。六〇項目にわたる人間の生態や文化、世相を虫に例え、皮肉る。シニカルながらも適切な解説は幅広い知識と深い洞察力がなしえる業だ。

例えば「愛国心」を「悪質きわまる虫。文化水準の低い国ほどこの虫の罹患者が多い」と書き、「防衛」は「この甲虫は恐怖からわいた。自己不信の対象転置がこの不潔な生物の発生原因」と説いた。

薄っぺらい現代文明をユーモラスに語る所作は、刊行から半世紀以上経っても古さを感じさせない。

まことを語るには父親の辻潤の存在は避けて通れない。本書でも取り上げたが、潤も何者かであることを拒否するかのような人生を送った。

翻訳家であり、エッセイストでダダイストの中心人物としても知られた。戦時中も白いものを白、黒いものを黒と叫んでいたため、仕事はなくなり、文字通りの居候人生を送った。アルコールが原因で周囲からは狂ったと目されたが、世の中が狂っていた時代。どちらがおかしかったのか。辻は筋を貫き、昭和一九年（一九四四年）に餓死する。

まことは死後に新しい読者を引き寄せ続ける数少ない書き手でもある。昭和五〇年（一九七五年）に六二歳の生涯を終えた後も多くの書が編まれるだけでなく、三〇年以上経っても評伝が刊行されている。変わった出自、肩書無用、何にも依らない生き方……私たちを引きつけてやまない理由はいくつも考えられる。仕事の枠におさまらず、自由の旅の最後に求めた場所が自死であったことも、父親の潤が餓死したことと重なり数奇さを増している。

辻まことは自分の頭で考え続けた。先人の模倣を拒否し、常識を疑い、自分の力で存在理由を見出し続けた。

自分の頭で考えろとは多くの人が言うものの言行一致している人は実はそう多くない。矛盾を感じても見て見ないふりをしたり、他人には言行一致を求めても自分は例外だったりする。

私の場合、自分の頭で考えた結果が独立だったというわけだ。

「そうはいっても……ふつうは辞めないでしょ」、「子どもでもあるまいし……」と思われるだろうが、「そうはいっても……」と考え始めたら人生は何もできずに終わってしまう。

考えて、行動すれば生きていけることを辻まことは教えてくれる。個人が自力で生きなければならなくなった令和の時代こそ、彼の生きざまは光る。

主な参考文献

『芥川龍之介全集　第十八巻』芥川龍之介、岩波書店、一九九七年
『チャーチル　イギリス現代史を転換させた一人の政治家　増補版』河合秀和、中公新書、一九九八年
『チャーチル　不屈のリーダーシップ』ポール・ジョンソン（山岡洋一・高遠裕子訳）、日経BP、二〇一三年
『チャーチル・ファクター　たった一人で歴史と世界を変える力』ボリス・ジョンソン（石塚雅彦・小林恭子訳）、プレジデント社、二〇一六年
『安倍晴明　陰陽の達者なり』斎藤英喜、ミネルヴァ書房、二〇〇四年
『安倍晴明の一千年　「晴明現象」を読む』田中貴子、法蔵館文庫、二〇二三年
『直木三十五伝』植村鞆音、文藝春秋、二〇〇五年
『映画渡世・天の巻　マキノ雅裕自伝』マキノ雅裕、角川文庫、一九八四年
『知られざる文豪直木三十五　病魔・借金・女性に苦しんだ「畸人」』山﨑國紀、ミネルヴァ書房、二〇一四年
『量子革命　アインシュタインとボーア、偉大なる頭脳の激突』マンジット・クマール（青木薫訳）、新潮文庫、二〇一七年
『ジョージ・ワシントン伝記事典』西川秀和、大学教育出版、二〇一二年
『アメリカ大統領を読む事典　世界最高権力者の素顔と野望』宇佐美滋、講談社プラスアルファ文庫、二〇〇八年
『酒が語るアメリカ裏面史』グレン・サリバン、洋泉社、二〇一五年
『力道山をめぐる体験　プロレスから見るメディアと社会』小林正幸、風塵社、二〇一一年
『世界大富豪列伝　20‐21世紀篇』福田和也、草思社、二〇一二年
『力道山未亡人』細田昌志、小学館、二〇二四年
「破産した〝投げる不動産屋〟、巨人軍の桑田真澄投手」『西日本新聞』一九九一年二月二二日付夕刊五面
「もう一つの自分史　45」『週刊朝日』二〇一九年五月一〇日号
『赤い手　運命の岐路』板東英二、青山出版社、一九九九年
『闘将火と燃えて　山賊集団を率いる男の履歴書』江藤慎一、鷹書房、一九七五年
「提言特集　ファミリー結束に野球一途を希む内外の声　カネやんよ！　じっくり頭を冷やせ」『週刊ベースボール』一九七七年一月二四日号
「八木沢荘六氏「懐の深い人でした」恩人金田さん悼む」『日刊スポーツ』WEB版二〇一九年一〇月六日配信　https://www.nikkansports.com/baseball/news/201910060001280.html
『さよならギッチョ　やったるで！20年』金田正一、報知新聞社、一九七〇年
「愛知に人あり　金田正一　終るまで終りなし　7」『朝日新聞』二〇一五年一月一四日付朝刊愛知県版二〇面
『カネやんの八方破れ人生論　やる、やったれ、やったるで』金田正一、徳間書店、一九七三年
『カネやんの1日5分健康棒体操　弱った身体がよみがえる』金田正一、廣済堂出版、一九八九年
『ギャンブラー・モーツァルト　「遊びの世紀」に生きた天才』ギュンター・バウアー（吉田耕太

郎、小石かつら訳）、春秋社、二〇二三年
「さあこれからだ　55　ナイチンゲールの先見性」鎌田實、『毎日新聞』二〇二三年五月一四日付朝刊一六面
『統計学者としてのナイチンゲール』多尾清子、医学書院、一九九一年
『超人ナイチンゲール』栗原康、医学書院、二〇二三年
『江戸川乱歩全集第三〇巻　わが夢と真実』江戸川乱歩、光文社文庫、二〇〇五年
『ゲゲゲの家計簿（上）（下）』水木しげる、小学館、二〇二二年
『水木しげる漫画大全集　水木しげる人生絵巻／わたしの日々他』水木しげる、講談社、二〇一八年
「お化けはわが友？」『日本経済新聞』一九九五年八月一七日付夕刊五面
「わが狂乱怒濤時代」水木しげる、『別冊新評』一九八〇年一〇月
「〈時代の証言者〉妖怪漫画・水木しげる人間、幸せになるべきだ」『読売新聞』二〇〇四年一〇月五日付朝刊一五面
『樋口一葉赤貧日記』伊藤氏貴、中央公論新社、二〇二二年
『NHK「100分de名著」ブックス　ルソー　エミール　自分のために生き、みんなのために生きる』西研、NHK出版、二〇一七年
『今を生きる思想　ジャン＝ジャック・ルソー「いま、ここ」を問いなおす』桑瀬章二郎、講談社現代新書、二〇二三年
『オンリー・イエスタデイ　1920年代・アメリカ』フレデリック・ルイス・アレン（藤久ミネ訳）、ちくま文庫、一九九三年
『ゴッホ　契約の兄弟　フィンセントとテオ・ファン・ゴッホ』新関公子、ブリュッケ、二〇一一年
『テオ　もうひとりのゴッホ』マリー＝アンジェリーク・オザンヌ、フレデリック・ド・ジョード（伊勢英子、伊勢京子訳）、平凡社、二〇〇七年
『ダーウィン　「進化論の父」の大いなる遺産』鈴木紀之、中公新書、二〇二四年
『NHK「100分de名著」ブックス　ダーウィン　種の起源　未来へつづく進化論』長谷川眞理子、NHK出版、二〇二〇年
『資本論1-3』カール・マルクス（向坂逸郎訳）、岩波文庫、一九六九年
『エンゲルス　マルクスに将軍と呼ばれた男』トリストラム・ハント（東郷えりか訳）、筑摩書房、二〇一六年
「資本家エンゲルス　フリードリヒ・エンゲルスとエルメン&エンゲルス　1850-1869年」田中章喜『政経論叢』第80号、国士舘大学政経学会、一九九二年
『蕩尽王、パリをゆく』鹿島茂、新潮選書、二〇一一年
『せ・し・ぼん　わが半生の夢』薩摩治郎八、山文社、一九九一年
『放浪のダダイスト辻潤　俺は真性唯一者である』玉川信明、社会評論社、二〇〇五年
『辻まことセレクション2　芸術と人』辻まこと、平凡社ライブラリー、一九九九年
『遊ぼうよ　辻まことアンソロジー』辻まこと、未知谷、二〇二二年

副業、転職、財テク、おねだり　偉人の生き延び方

著者プロフィール

栗下直也（くりした・なおや）

一九八〇年生まれ、東京都出身。記者、批評家。横浜国立大学大学院国際社会科学研究科経営学専攻修了後、専門紙記者のかたわら書評サイト「HONZ」や週刊誌、月刊誌などでレビューを執筆し、22年に独立。新橋系泥酔派を自認するが、酒場詩人は目指していない。著書に『人生で大切なことは泥酔に学んだ』（左右社）、『得する、徳。』（CCCメディアハウス）、『政治家の酒癖　世界を動かしてきた酒飲みたち』（平凡社新書）など。

二〇二五年二月一〇日　第一刷発行

著者　栗下直也
発行者　小柳 学
発行所　株式会社左右社
〒一五一―〇〇五一
東京都渋谷区千駄ヶ谷三―五五―一二
ヴィラパルテノンB1
https://sayusha.com/
TEL　〇三―五七八六―六〇三〇
FAX　〇三―五七八六―六〇三二

ブックデザイン　三森健太（JUNGLE）
印刷・製本　モリモト印刷株式会社

ISBN 978-4-86528-444-7